Sibylle Wanders

Schnelle Füße, kluges Köpfchen

Sibylle Wanders

Schnelle Füße, kluges Köpfchen

Bewegungsspiele
und Spiellandschaften
zur ganzheitlichen
Förderung

Kösel

Die Autorin

Sibylle Wanders, geboren 1968, ist Diplom-Sportpädagogin, Tanzpädagogin, Autorin und Fachjournalistin. Sie unterrichtet Zwei- bis Zwölfjährige in den Bereichen Bewegungs- und Bildungsförderung, Kreativer Tanz und Sport. Ihre Beiträge erscheinen regelmäßig in »spielen und lernen« und »Kind & Gesundheit«.

Für meine lieben Eltern Gisela und Franz-Joachim Kustusch

Copyright © 2006 Kösel-Verlag, München,
in der Verlagsgruppe Random House GmbH
Umschlag: Kaselow Design, München
Umschlagmotiv: Picture Press/ELTERN/P. Moody-Meyer
Fotos: Sibylle Wanders
Druck und Bindung: Appl, Wemding
Printed in Germany
ISBN-10: 3-466-30734-1
ISBN-13: 978-3-466-30734-0

*Gedruckt auf umweltfreundlich hergestelltem Bilderdruckpapier
(säurefrei und chlorfrei gebleicht)*

www.koesel.de

Inhalt

Vorwort

Liebe Eltern und Pädagogen!

In Bewegungen erkunden, gestalten und entdecken Kinder ihre Lebenswelt. Sie verfügen bereits als Kleinkinder über wertvolle Anlagen und Potenziale, auf deren Grundlage sie sich in vielen Bildungsbereichen weiterentwickeln können. Dazu benötigen sie neben erfahrungsreichen Alltagssituationen auch vielseitige Bewegungsangebote und Spiellandschaften. Diese bieten ihnen als anregendes Umfeld Impulse und Gelegenheiten, die eigenen Fähigkeiten zu testen und zu steigern.

Ich nutze als Diplomsportlehrerin und Tanzpädagogin seit vielen Jahren Bewegungsspiele mit den unterschiedlichsten Materialien für Bewegungs- und Tanzstunden mit Zwei- bis Zehnjährigen. Da ich viele der Kinder langjährig anleite und in ihrer Entwicklung beobachten konnte, habe ich erfahren, welche pädagogischen Theorien sich in der Praxis bewähren. Das Beste, das Eltern und Pädagogen einem kleinen Kind für seine optimale Entwicklung bieten können, sind vielfältige Spielanregungen zum Wahrnehmen und Sichbewegen, zum Experimentieren und Kommunizieren. Sie bringen ihm Spaß, fördern seine Gesundheit und neue Freundschaften.

Das Potenzial eines Kindes entfaltet sich immer dann auffallend gut, wenn es beim Spielen und Lernen schöne Erlebnisse und angenehme Gefühle erfährt. In Bewegungsspielen ist dies eigentlich immer der Fall. Das gilt auch für zurückhaltende Kinder oder Kinder mit noch wenigen koordinativen Fähigkeiten. Sie fühlen sich gut, wenn sie die Herausforderungen an ihre Fertigkeiten selbst mitbestimmen dürfen. An Bewegungsstationen ist dies möglich. Zudem braucht ein Kind positive Rückmeldungen auf sein Tun.

Wer über eine gute Wahrnehmung, Koordination und Sprache verfügt, hat es beim Lernen und in sozialen Beziehungen leichter.

Die Sinneseindrücke sind der Ausgangspunkt für alle Körpererfahrungen und für alle Umweltinformationen an das Gehirn. Durch ihre sinnlichen Erfahrungen machen sich die Kinder ein Bild von der Welt. Durch sie erweitern und verändern sie es unaufhörlich bis ins Jugendalter hinein. Kinder brauchen wache Sinne, um die neuen Informationen realitätsnah aufzunehmen und zu verarbeiten. Die Koordinationsfähigkeit ihres Körpers ist dabei das Werkzeug, das sie – wie ein Handwerker für seine Arbeit – nutzen, um neue Aufgaben zu bewältigen und um Probleme zu lösen.

Die Sprache hilft Kindern, die neuen Erfahrungen einzuordnen. Um sie mit dem Verstand zu erfassen und sie realistisch einzuschätzen, brauchen Kinder einen gut entwickelten Sprachschatz an treffenden Wörtern und Formulierungen für die verschiedenen Erfahrungsbereiche. Später als Schulkinder können sie sich beim Nachdenken immer nur an solche Erlebnisse klar erinnern, die sie auch klar formulieren können. Die Sprach- und die Kommunikationsfähigkeit können Eltern und Erzieher bei Kindern ebenso spielerisch fördern wie die der Koordination und der Wahrnehmung. Es ist leichter, als man anfangs denkt. Die Spielreihen dieses Buches werden Ihnen viele Beispiele geben, die Sie direkt mit Kindern probieren können.

Gute Bildungschancen für Vorschüler

Eine breit gestreute Basis an motorischen, kognitiven und sozialen Fähigkeiten erweitert die Möglichkeiten eines Vorschülers zu agieren und zu reagieren. Sie steigert sein Lernvermögen und erhöht seine Bildungschancen. Mit den Spielreihen dieses Buches bekommen Sie viele Beispiele für Bewegungsspiele und Bewegungslandschaften zur Hand. Mit ihnen können Sie Kinder gezielt anregen oder sie frei und selbstbestimmt spielen lassen. Die Spiele sind den wichtigsten Entwicklungsbereichen kleiner Kinder zugeordnet, die umfangreich durch Bewegungsangebote gefördert werden können. Dazu zählen auch die Bildungsbereiche der mathematischen und der naturwissenschaftlichen Erfahrungen.

Viel Vergnügen in den bewegungsreichen Spielen!

Ihre Sibylle Wanders

Zur Theorie: Bewegtes Spielen und Lernen für Zwei- bis Sechsjährige

Jedes kleine Kind ist mit wertvollen Selbstbildungspotenzialen ausgestattet und kann seine eigene Entwicklung mit vorantreiben. Es ist nicht nur neugierig und bewegungsfreudig, sondern auch kompetent. Es gestaltet seine Entwicklung und seine Bildung aktiv mit. Um seine Potenziale, Talente und Vorlieben ausschöpfen zu können, benötigt es jedoch vielfältige Anregungen aus der Umwelt. Es braucht für verschiedene Entwicklungsbereiche Impulse und Gelegenheiten, um Erfahrungen zu sammeln.

Genetische Vererbung und Prägung durch Erfahrungen

Die geistige und emotionale Intelligenz eines Kindes wird, so schätzen Wissenschaftler heute, zu maximal 50 Prozent durch sein genetisches Erbe und zu mindestens 50 Prozent durch seine Lebenserfahrungen, also durch Handlungen und Erlebnisse bestimmt. Welche Fähigkeiten ein Kind geerbt hat, stellt für seine Entwicklung eine zunächst ungenutzte Grundlage dar, die durch Erfahrungen in verschiedene Richtungen ausgebaut wird oder aber durch Mangel an Reizen verkümmern kann. Interessant ist dabei: Die vererbten Anlagen können sowohl durch die Umwelt als auch durch das Kind selbst stimuliert werden. Es bestimmt aktiv mit, was und wie viel es lernt! So beruht seine praktische Intelligenz als Schulanfänger in erster Linie auf seinen Handlungserfahrungen.

Bewegtes Spielen und Lernen

Kinder brauchen Spielräume, in denen sie neue Bewegungsmöglichkeiten und bislang unbekannte Zusammenhänge ihrer Lebenswirklichkeit erfahren. In Spielstunden mit abwechslungsreichen Bewegungslandschaften oder mit angeleiteten Bewegungsaufgaben bieten sich ihnen dafür vielfältige Gelegenheiten. Durch neue Bewegungsversuche gewinnen sie gleichzeitig Körper- und Umwelterfahrungen, die sie für die nächsten Entwicklungsschritte benötigen. Sie lernen handelnd, forschend und gestaltend. Sie lernen, indem sie erkunden, was sie selbst besonders interessiert, oder indem sie Aufgaben lösen. Häufig wirken sie in Bewegungsspielen mit Partnern zusammen, besprechen gemeinsam ihre Ideen und Wünsche. Auf diese Weise unterstützt bewegtes Spielen und Lernen neben körperlichen Fähigkeiten auch emotionale und soziale Erfahrungen. Zudem können Eltern und Erzieher schon Vier- und Fünfjährigen in bewegungsreichen Spielen mathematische und naturwissenschaftliche Einblicke geben. Kinder, die gerne tanzen, sich verkleiden oder Theater spielen, erfahren in entsprechenden Bewegungsspielen neue darstellende und gestaltende Ausdrucksmöglichkeiten. Die vielen kleinen Erfolgserlebnisse in bewegten Spielstunden machen Kindern Mut, auch in anderen Lebensbereichen Neues zu wagen. Neugierig entdecken sie auch in alltäglichen Situationen bislang Unbekanntes. Sie speichern alle neuen Informationen als Erweiterung ihrer bisherigen Erfahrungen ab.

So sind bewegtes Spielen und das Lernen wie die zwei Seiten einer Medaille, die einer Auszeichnung für gute Bildungschancen gleichkommt.

Vitalität und Motivation

Kleine Kinder sind von Natur aus vital und bewegungsfreudig. Sie wollen ihre Umgebung erforschen, wollen Dinge auf den Kopf stellen, hoch springen, tief kriechen, rund kullern, balancieren, experimentieren und Neues ausprobieren. Wenn sie tobend lärmen, sollte man sie nicht hemmen, um Verletzungsrisiken zu meiden oder um sie ruhig zu halten. Die Kinder wollen nicht »nur toben«, sondern wollen sich durch ihre Körperbewegungen mit ihrem Umfeld auseinandersetzen. Sie brauchen diese Erlebnisse als Grundlage für ihre optimale Entwicklung und Bildung.

Sie müssen vielerlei Objekte mit unterschiedlichen Eigenschaften anfassen, mit den Händen gestalten, Bewegungsmöglichkeiten testen und sich mit ihnen durch Räume fortbewegen. Sie brauchen Zeit zum Nachforschen und Beobachten. Ihre anfängliche Neugier steigert sich durch Spaß und Erfolgserlebnisse zu einer enormen Motivation, sich intensiv mit der Situation zu befassen. Es ist diese starke Motivation, durch die Kinder ihre eigene Entwicklung eindrucksvoll voranbringen. Die Kinder wollen (!) sich bewähren. Hellwach in der Bewegung wollen sie dazulernen und ihre Stärken spielend testen. Sie wünschen sich Erfolge und tun einiges dafür.

Agieren, Beobachten, Reagieren

Kinder brauchen Rückmeldungen, um zu verstehen! Wenn sie in den von uns vorbereiteten Bewegungslandschaften tatkräftig wirken oder in angeleiteten Bewegungsspielen agieren, so machen sie Erfahrungen, die sie einzuordnen versuchen. Das gelingt ihnen erst dann, wenn sie die Folgen ihrer Handlung beobachten und erkennen können. Es ist langfristig sinnvoll, dass ihnen Spielpartner und außenstehende Erwachsene Rückmeldungen geben. Dazu zählen unsere Reaktionen, Anmerkungen, Lob, Tadel, sprachliche Auseinandersetzung, hilfreiche Hände sowie Gespräche über die Sachverhalte, Gefühle, Wünsche und neuen Vorhaben. Kinder wollen eine Resonanz auf ihr Tun, mit der sie die Bedeutung ihrer Handlungen einschätzen können. Sie wünschen sich Antworten auf spontane Fragen. Mit ihnen können sie die erlebten Erfahrungen und Emotionen besser verarbeiten und sinnvoll reagieren.

Die Selbstbildungspotenziale eines Kindes

Der kindliche Bildungsprozess ist ein Zusammenspiel der Selbstbildungsmöglichkeiten eines Kindes selbst, der sozialen Prozesse (durch Auseinandersetzung mit anderen Menschen in der Vielfalt der Lebenssituationen) und der Reflexion über die Sprache.

Jedes Kind verfügt über natürliche Selbstbildungspotenziale, mit denen es seine Entwicklung und Bildung voranbringt. Dazu gehören die sieben Sinne, Vorstellungskraft und Fantasie, Gefühle, die Rekonstruktionsmöglichkeit durch das Gehirn, symbolisches Denken, das sprachliche, mathematische und naturwissenschaftliche Denken ebenso wie eine ursprüngliche Lust am Spielen und Gestalten. Hinzu kommen seine Beziehungsfähigkeit zu Menschen (die mit entscheiden, welche Erfahrungen ihm wichtig sind) sowie seine Beziehung zu Gegenständen und zur Umwelt. So gut ausgestattet können bereits kleine Kinder agieren, experimentieren, beobachten und den Sinn der Dinge hinterfragen. Sie sind dabei bereits auf dem Weg, erste Probleme zu lösen. Es ist die sinnvollste Art, zu lernen und handlungsfähig zu sein.

Die Lernfähigkeit kleiner Kinder

Kinder verstehen Zusammenhänge in ihrer Lebenswelt erst dann wirklich, wenn sie die Sachinformationen nicht über Erzählungen oder flimmernde Bilder erhalten, sondern über Körperbewegungen und über sinnliches Beobachten. Sie entwickeln auf diese Weise eine sinnvolle Strategie zum Problemelösen. Stehen sie vor einer neuen Aufgabe oder vor einem Problem, so werden sie aktiv, probieren aus und sammeln handelnd neue Erfahrungen. Vielseitige Bewegungs- und Wahrnehmungserfahrungen sind daher nicht nur für ihre gesunde körperliche Entwicklung unerlässlich. Sie benötigen sie auch für die geistigen Bildungsprozesse. Wer mehr erlebt, kann daraus mehr Schlussfolgerungen ziehen!

Bewusste Bewegungen, in denen Kinder mit hellwachen Sinnen spüren und beobachten, fördern die Lernfähigkeit. Sind sie aufmerksam bei dem, was sie tun, stupsen sie z.B. auf einer Wiese bei Wind einen Luftballon wiederholt in die Höhe, dann berühren und »be-greifen« sie ihre Umgebung zugleich.

Wie können Eltern und Erzieher eine solche Aufmerksamkeit fördern? Kleine Kinder konzentrieren sich immer dann gut, wenn ihre Neugier geweckt ist. Abwechselnde stimulierende Reize für Haut, Augen und Ohren, Muskeln und Gelenke verstärken ihre Konzentration. Sie können sich ihren Handlungen dann aufmerksamer widmen und die Aufmerksamkeit länger beibehalten. Sie gewinnen an Selbstkontrolle und können dann auch ihre Körperbewegungen besser kontrollieren. Ein schöner Nebeneffekt: Sie lernen dabei Bewegungsrisiken abzuschätzen und ihren Körper zu schützen (z.B. im Straßenverkehr).

Ganzheitliche Bewegungsförderung

Die ganzheitliche Entwicklungsförderung unterstützt Kinder gleichermaßen in ihren sinnlichen, motorischen, sozialen und kognitiven Erlebnissen. Als Methode geht sie von folgenden Überzeugungen aus: Die Kinder spielen und lernen mit Kopf, Hand, Herz und mit allen Sinnen. Alle Entdeckungen am eigenen Körper, mit Spielmaterialien und Spielpartnern werden von ihnen mit sieben Sinnen aufgenommen, mit Gefühlen bewertet und mit dem Verstand verarbeitet.

Meist hinterfragen die Kinder von selbst, was sie erleben: Warum können die Zehen weiche Materialien fast so gut wie Finger ergreifen und im Sitzen durch die Luft ziehen? Wieso fällt der Ball beim Laufen vom Teller? Ein Kind mit guten sensorischen Fähigkeiten kann neue Sinneseindrücke gut mit bisherigen Lebenserfahrungen verknüpfen.

Körpererfahrungen fördern die Intelligenz!

Die körperlichen Erfahrungen eines Kindes entscheiden nicht nur über seine Motorik, seine Koordination und Kondition. Sie beeinflussen auch sein Selbstbild, sein soziales Verhalten, seinen Mut und Willen, sein Denken und sein Wissen. Die Bewegungserlebnisse der frühen Kindheit prägen seine kognitive und seine emotionale Intelligenz! Erkenntnisse der neurologischen Forschung bestätigen, dass erst das Lernen durch Bewegung eine intensive und weitreichende Vernetzung der Lerninhalte im Gehirn ermöglicht. Überkreuzbewegungen, Bewegungen von Armen oder Beinen über die Körpermittellinie aktivieren die Zusammenarbeit der rechten und der linken Gehirnhälfte. Die rechte ist mehr verantwortlich für die Emotionen, ganzheitliches Denken, Kreativität, räumliche und bildliche Vorstellungskraft. Die linke Gehirnhälfte bearbeitet stärker die logischen Vorgänge, die Sprache, sachliches und analytisches Denken.

Durch bewegungsreiche Handlungen wird das Zentralnervensystem intensiv aktiviert. Gezielte Bewegungsreize können es in seiner Arbeitsweise unterstützen. Dies ermöglicht körperliche und geistige Lernzusammenhänge: Abwechselndes Vorwärts- und Rückwärtsgehen oder das Hinzufügen und Abziehen von Materialien kann z.B. das spätere Subtrahieren vorbereiten. Ebenso erleichtern gleichmäßige Handbewegungen zu Abzählreimen und rhythmische Handbewegungen zu Klatschversen fließendes Sprechen und Lesen.

Acht Intelligenzbereiche

Die Gehirnforschung hat die Vorstellung einer angeborenen Intelligenz widerlegt. Zwar kann die Anlage zu Talenten und Vorlieben vererbt werden, doch müssen Kinder Intelligenz und intelligentes Verhalten erst jahrelang für verschiedene Lebensbereiche entwickeln. Heute wird die Intelligenz in bis zu acht Grundfähigkeiten unterschieden. Die

Unterscheidung dieser Fähigkeiten findet sich in den Bildungsplänen der Bundesländer (wenn auch unterschiedlich angeordnet) und dort in der Einteilung der Bildungsbereiche wieder:

- *Körperlich-physische Intelligenz*
- *Intrapersonale Intelligenz*
- *Soziale (interpersonale) Intelligenz*
- *Sprachliche Intelligenz*
- *Visuell-räumliche Intelligenz*
- *Mathematisch-logische Intelligenz*
- *Natürliche Intelligenz, meint:*
  die Fähigkeit der Nähe zur Natur

Ziele für den Bildungsbereich »Körper«

In den Entwürfen für die neuen Bildungspläne werden u.a. folgende Ziele für das Entwicklungsfeld »Körper« hervorgehoben:

Die Kinder erwerben über Jahre hinweg ein Gespür für die eigenen körperlichen Fähigkeiten und später eine möglichst realistische Einschätzung. Sie entwickeln einen gesunden Umgang mit ihrem Körper und ein positives Selbstkonzept. Sie erweitern ihre konditionellen und koordinativen Fähigkeiten, insbesondere ihre grob- und feinmotorischen Fertigkeiten. Kinder sollten zudem ihren Körper als Ausdrucksmittel für Tanz, darstellendes Spiel, Musizieren und künstlerisches Gestalten erfahren.

Diese Zielsetzung geht von einem neugierigen, bewegungslustigen Kind aus, das sich seine Welt aktiv erschließt. Es nimmt über seine Bewegungen Kontakt zu seiner materiellen Umwelt und zu seinem sozialen Umfeld auf. Es erforscht, handelt und beobachtet von sich aus gerne. Es braucht dafür aber viel Zeit und Anregungen für körperlich-sinnliche Erfahrungen!

Ziele für den Bildungsbereich »Sprache«

In den Entwürfen für die neuen Bildungspläne werden u.a. folgende Ziele für das Entwicklungsfeld »Sprache« genannt:

Die Kinder verbessern über Jahre ihre verbalen und nonverbalen Ausdrucksmöglichkeiten, ihre Sprech- und Sprachkompetenz, ganzkörperliche Ausdrucksmöglichkeiten, Gestik, Mimik und die Kommunikationsfähigkeit mit Partnern. Sie erleben Sprache und Musik bzw. Rhythmus als eine Einheit (z.B. in Versen, Liedern, rhythmischen Darstellungen, Fingerspielen). Die Kinder erfahren unterschiedliche Sprachen als Reichtum und ausländische Kinder erwerben Deutsch als Zielsprache. Alle zusammen lernen Schrift als Teil ihrer alltäglichen Lebenswelt kennen.

Konkrete Bewegungsspiele

Die Kinder können gerne oft mitentscheiden, was sie, womit sie und wie sie spielen. Dennoch tut es ihnen langfristig gut, wenn Eltern und Erzieher sie auch zu speziellen Bewegungsaufgaben motivieren, die bestimmte Fähigkeiten fördern: entweder wichtige Fähigkeiten oder noch mangelnde Fähigkeiten. Kinder brauchen beim Spielen wie im Alltagsleben gelegentliche Anleitungen, um Erfahrungen zu sammeln, die sie bislang nicht oder zu wenig gemacht haben, und um Struktur in den Handlungsmöglichkeiten und im Denken zu erhalten.

Kinder benötigen andere Mitspieler als gelegentliche Ideengeber, um eine möglichst große Vielfalt an Bewegungsmöglichkeiten und Spielweisen kennen zu lernen. Manchmal ahmen sie sie nach, andere Male gehen sie eigene Wege. Das ist gut so. Mit konkreten Bewegungsspielen können Eltern und Pädagogen die Aufmerksamkeit der Kinder auf spezielle Bewegungshandlungen (für wünschenswerte Erfahrungen) lenken. Für die Kinder sind dies Gelegenheiten, spezielle körperliche Fertigkeiten zu testen sowie soziale und kognitive Fähigkeiten zu erweitern.

Bringen wir die Kinder daher dazu, sich abwechselnd auf ein neues Material, auf Partnerarbeit, auf den eigenen Körperausdruck oder auf eine Aufgabe zu konzentrieren. Den Kindern machen Bewegungsspiele so viel Spaß, dass es sie nicht stört, wenn ab und an wir Erwachsenen Spiele vorgeben und Bewegungsmöglichkeiten zeigen! Sie genießen neue Spielideen und neue Blickwinkel. Sie finden es interessant, wenn wir Bewegungsaufgaben mit sprachlichen, sinnlichen, sozialen, mit mathematischen Aufgaben oder mit naturwissenschaftlichen Fragen verbinden. Die Kinder nehmen diese Impulse gerne auf, weil sie so wissensdurstig sind. Im Kindergarten bekommen so alle – trotz ihrer unterschiedlichen Voraussetzungen – die annähernd gleichen Chancen zur Kompetenzerweiterung.

Es ist für Vier- und Fünfjährige sehr reizvoll, nach einer gewissen Zeit des angeleiteten Spielens die zugrunde gelegte Aufgabe verändern zu dürfen. Dann probieren sie ihre Grenzen aus und werden kreativ. Sie agieren selbstständig und suchen Herausforderungen, die ihrem Können entsprechen. Das macht sie während der Spielstunde zufrieden und langfristig selbstbewusst.

Offene Spiellandschaften

Abwechslungsreiche Spiellandschaften mit verschiedenen Bewegungsstationen sind neben den angeleiteten Bewegungsspielen unverzichtbar! Sie reichen von kleinen Spielaufbauten im Kinderzimmer über Materialkombinationen aus der Küche oder über Bewegungsbaustellen im Garten bis hin zu Bewegungslandschaften mit größeren Objekten. Sie umfassen auch aufwändige, umfangreiche Aufbauten von Sportgeräten in der Turnhalle.

Die Kinder können die Bewegungsstationen einer Spiellandschaft je nach Alter mitgestalten. Bieten Sie zu verschiedenen Anlässen abwechselnde Materialien in Räumen, Turnhallen, im Garten oder unterwegs in der Natur an. In den Praxiskapiteln finden Sie viele Beispiele. Meistens brauchen die

Kinder nur ein paar Ideen zu den Bau- und Bewegungsmöglichkeiten mit zwei Materialien. Später möchten sie nur noch weitere Materialien angereicht bekommen. Gezielte Fragen lenken die Aufmerksamkeit der Kinder auf neue Spielaspekte, z.B. »Wie könnt ihr es nun zu zweit noch besser schaffen?«.

Beide Methoden, Kinder zum Spielen und Bewegen zu bringen, entweder in konkreten Bewegungsspielen oder in Spiellandschaften, sind gleichermaßen wichtig. Sie lassen sich wunderbar abwechselnd nutzen.

Die Bandbreite der Spielweisen

Die Themenreihen der folgenden Praxiskapitel nutzen die ganze Bandbreite an Spielweisen. Lernt ein Kind sie im Laufe von Jahren kennen, so steigert sich seine Spielfähigkeit. Es genießt, wie vielfältig es seine körperlichen Leistungen steigern kann. Und es erfährt, wie es sich im Spiel handelnd Informationen über die Materialien oder das Umfeld holen kann. Es spielt auf einem zunehmend höheren Niveau, nutzt seine Eindrücke, Ideen, Erfahrungen und Sprachfähigkeiten. Ein hohes Maß an Spielfähigkeit erleichtert Kindern das Lernen und das Knüpfen neuer Beziehungen. Die folgende Übersicht dient zur Anregung.

Abwechslungsreiche Spielweisen

Wechseln Sie ab: Tobespiele in großen Räumen, Raufspiele auf Matten, ganzkörperliche Koordinationsspiele, feinmotorische Spiele für die Hände oder Füße, Fingerspiele, Handpuppenspiele, Schattenspiele, gestaltende Spiele und Bauspiele, Transport- und Fangspiele mit unterschiedlichen Bewegungsgrundformen, Gruppenspiele und -tänze, Partnerspiele und -tänze, Tanzimprovisationen mit Objekten, angeleitetes Bauen und Werken, Bewegungsbaustellen, Wahrnehmungsspiele, soziale Regelspiele, dagegen das Freispiel ohne jegliche Aufgabe, Rollenspiele, darstellende Theaterspiele, Musikspiele, Wut-weg-Spiele zum Abreagieren, Mut-mach-Spiele mit koordinativen Herausforderungen.

Je öfter die Kinder Gelegenheit zum Kennenlernen unterschiedlicher Spielweisen und Organisationsformen hatten, umso leichter organisieren sie sich fortan selbst diese Spielanlässe.

Die Basiskompetenzen eines Kindes unterstützen

In Bewegungsspielen sammeln kleine Kinder vielseitige Bewegungserfahrungen, die die Bildung der Basiskompetenzen hilfreich unterstützen können. Die folgenden Grundkompetenzen entscheiden über die weitere körperliche, emotionale und geistige Entwicklung eines Kindes. Sie entscheiden mit über die Bildungsmöglichkeiten und das soziale Leben eines Menschen. Die Basiskompetenzen eines Kindes sind:

Neugier und Entdeckungslust, Kreativität, Grob- und Feinmotorik, Eigeninitiative und Eigenständigkeit, Motivationsfähigkeit, Sprachkompetenz bzw. Kommunikationsfertigkeiten, Selbstwertgefühl und Konfliktmanagement, Denkfähigkeit und Problemlösefähigkeit, Empathie, Toleranz und Verantwortungsbereitschaft. Für Vorschulkinder besonders wichtig sind die Lernbereitschaft und die lernmethodische Kompetenz, mit der Kinder erfahren, wie man handelnd lernt, Probleme löst und Wissen erwirbt.

Die Bildungsbereiche ausgewogen unterstützen

Eltern und Pädagogen können für alle Bereiche der kindlichen Entwicklung Bewegungsangebote nutzen. Bewegtes Spielen und Lernen kann den sprachlichen, mathematischen, naturwissenschaftlichen, technischen, ästhetischen, religiösen und den interkulturellen Bildungsbereich unterstützen. Auch zur Umwelt-, Medien-, Musik- und Gesundheitserziehung empfehlen sich Bewegungsangebote, in denen sich kleine Kinder handelnd mit den Themen auseinandersetzen.

Ein Praxisbeispiel: Vielfältige Erfahrungen mit Krepppapierbändern

Geometrische Erfahrung der Mathematik erfahren Vorschüler, wenn ich sie mit den langen Bändern Formen auf dem Boden nachzeichnen und dann Kreis, Halbkreise, Spiralen und Wellen in die Luft zeichnen lasse. Raumerfahrung gewinnen sie, während wir einen kurzen Tanz mit verschiedenen Raumwegen üben, uns dabei hoch, tief, vor, zurück, nach rechts und links bewegen. Diese Begriffe werden immer wieder genannt. Werden Bewegungseinfälle der Kinder erfragt und eingebaut, so wiederholen sie die Bewegungsabläufe hochmotiviert und verfeinern ihre Bewegungsausführungen. Unbemerkt trainieren sie dabei die Feinmotorik ihrer Hände, die ganzkörperliche Kraft und Bewegungsausdauer. Sie erlernen und nutzen verschiedene Fortbewegungsarten, strengen sich körperlich wie geistig an.

Stellen immer zwei bis drei Vorschulkinder eine kurze Bewegungsfolge mit den Bändern zusammen (jeder zeigt und übt mit den Partnern eine oder zwei Ideen), so nutzen sie ihre sprachlichen und sozialen Kommunikationsfähigkeiten. Zusammen werden sie kreativ, probieren neue Bewegungsideen aus und gestalten sie. Sie sehen, wie die Luft das Band in seiner Länge trägt und wie die

Im Blickpunkt der gegenwärtigen Bildungsdiskussion steht die Wahrnehmungsförderung über die sieben Sinne als Basis aller anderen Entwicklungsbereiche. Ausdrücklich mehr Aufmerksamkeit als bisher sollen Kindergartenkinder für ihre sprachlichen Fähigkeiten (z.B. der Wortschatz, Sprachgebrauch, die körperliche Ausdrucksfähigkeit) sowie für erste mathematische Erfahrungen (z.B. Raumerfahrung, Schätzen, Zählen, Formen, Untersuchen, Messen) und naturwissenschaftliche Erfahrungen erhalten. Sie sind in Bewegungsspielen und Bewegungsexperimenten besonders gut zu vermitteln! In den Praxiskapiteln werden Spielreihen, Bewegungslandschaften und Bewegungsaufgaben vorgestellt, die Kinder in den Entwicklungsbereichen Wahrnehmung, Koordination, Sprache, Sozialverhalten, mathematische und naturwissenschaftliche Erfahrungen unterstützen.

Erdanziehung es immer wieder zu Boden fallen lässt, wenn sie nicht kraftvoll dagegenwirken.
Sie sehen: Eine Spielreihe kann Kinder in mehreren Bildungsbereichen zugleich fördern.

Multisensorisches Lernen reicht weit!

Spricht man vom »Lernen«, so meinen doch viele das »kognitive Lernen«, das vergeistigte, abstrakte und logische Denken. Doch Kinder lernen anders. Sie lernen bis ins Grundschulalter hinein in Bewegungen und mit ihren sieben Sinnen! Sie entdecken ihre Umwelt sehend, tastend, mit dem Körper fühlend, mit dem Gleichgewichtssinn spürend, hörend, riechend und schmeckend.

Mit Hilfe mehrerer zeitnaher Sinneseindrücke kann ein Kind besser verstehen. Die kognitiven Prozesse werden dann von einer Vielzahl der Sinneseindrücke angereichert. Toben Kinder z.B. mit Wasserballons, so hören sie den Ballon aufprallen, fühlen die eingefüllte Menge des Wassers mit den Händen oder Beinen, spüren sein Gewicht und ihr eigenes (stabiles oder instabiles) Gleichgewicht in Bewegungen mit ihm. Mit den Augen beobachten sie sein Bewegungsverhalten beim Kullern oder beim Fliegen durch die Luft.

Wenn Kinder mit mehreren Sinnen zugleich Zusammenhänge erforschen, dann erfassen sie sie vielschichtig, wägen die Einzelinformationen miteinander ab und erkennen die Situation recht realistisch. Ein weiterer Vorteil des multisensorischen Wahrnehmens und Lernens ist, dass die Kinder Erfahrungen mit derart umfassenden Eindrücken länger im Gedächtnis behalten.

Erstaunlicherweise ziehen mehrere Kinder in ein und derselben Situation unterschiedliche Sinnessysteme zur Informationsaufnahme vor. Sie nutzen diejenigen unter den sieben Sinnen verstärkt, die sie am besten spüren können. Bei manchen sind es die Bewegungssinne, bei anderen mehr der optische oder der akustische Sinn. Mitentscheidend für den jeweiligen Wahrnehmungs- und

Lerntyp ist die individuelle Dominanz der Hirnhemisphäre (Gehirnhälfte): Ein »rechtsbetontes« Kind fasst vieles mit dem Tast- und dem Bewegungssinn auf, ist musisch und gefühlsorientiert beim Spielen und Lernen. Dagegen vermag ein »linksbetontes« Kind eher visuell, analytisch, logisch und strategisch zu lernen.

Kleine Kinder speichern alle multisensorisch erfahrenen Sachinformationen und Beziehungserlebnisse als realitätsnahe Erfahrungen ab. Später, wenn sie als Schüler abstrakt denken und lernen, bauen sie auf diese Erfahrungen auf. Abstrakte Handlungen sind Handlungen in einem imaginären Raum. Den müssen sie sich dann in verschiedenen Situationen vorstellen können. Es gelingt ihnen mit jahrelang gesammelten sinnlichen Spielerfahrungen leichter!

Spaß an Sportarten

Abwechslungsreiche Bewegungsspiele bereiten die Kinder im Sinne einer vielseitigen Koordinationsförderung gut auf das Erlernen von Sportarten vor. Sind die Kinder erst einmal geschickt in einer oder in mehreren Sportarten, so genießen sie die Erfolge, den Spaß in der Gruppe und das Lob des Trainers. Sie bleiben dann lange Jahre gerne in sportlicher Bewegung, weil sie so viele positive Erlebnisse ermöglicht.

Vorschulkinder sollten auch in ihren ersten Sportarten fantasievoll und kreativ werden können, wenn sie es wünschen. Auch Jungen tanzen gerne und spielen in Rollenspielen Theater. Für eine Trainingsstunde mit häufigen Wiederholungen derselben Übungen und mit wenig Abwechslung in der körperlichen Beanspruchung sind Kindergartenkinder noch zu klein. Für Kinder ab vier Jahren empfehle ich die Sportarten Turnen, kreatives Tanzen, Schwimmen und die Eltern-Kind-Gymnastik als Vorprogramm. Kindern ab fünf Jahren steht ein umfangreiches Sportprogramm zur Auswahl. Solange die Kurse von weniger leis-

tungsorientierten, extra für das Kinderalter ausgebildeten Sportlehrern geleitet werden, können Kinder sie nach ihren Vorlieben auswählen: Mini-Ballspiele, Judo, tänzerische Früherziehung und Ballett, Klettern, Fußball, Leichtathletik, Rasen-Hockey, Skilaufen oder Tennis.

Tipps für die Praxis

Materialvielfalt und Bewegungsvielfalt

Kleinen Forschern und Entdeckern bieten sich unzählige Materialien und Objekte aus der Küche, der Garage oder Turnhalle, dem Baumarkt oder Kinderzimmer. Nutzen Sie für Bewegungsspiele und Spiellandschaften folgende Materialien aus der Küche, dem Spielzimmer, aus dem Garten oder Baumarkt:

- *aus der Küche:*
  Plastikschalen, -teller und -becher, Taschentücher, Zeitungen, Wäscheklammern, Trinkröhrchen, größere Putztücher, Plastikflaschen, Verpackungskartons
- *aus dem Spielzimmer:*
  Bälle in allen Größen, Bauklötze, Jongliertücher, größere Stoffe, Seile und Hüpfgummis, große Gymnastikbälle, Plastikschläger, Stofftiere, Handpuppen
- *aus dem Garten oder Baumarkt:*
  Steine, Nüsse, Kastanien, Eimer, Äste, Bambusstäbe, runde und eckige Balken, Bretter, Autoreifen, Teppichfliesen oder Pappe, Kartons, Stühle, eine Schaukel oder Hängeleiter, ein kleines Trampolin, Klettergeräte

Mit ihren unterschiedlichen Formen, Größen und Eigenschaften motivieren die Materialien Kinder, in abwechselnden Bewegungen zu spielen. Besonders fasziniert sind sie von Materialkombinationen mit sehr unterschiedlichen Eigenschaften, z.B. von Stäben und Taschentüchern oder Autoreifen und Brettern. Die Spielserien der Praxiskapitel nutzen eine große Auswahl an Materialien. Alle Bewegungsvorschläge habe ich mehrjährig im kreativen Kindertanzen, in Spiel- und Bewegungsstunden im Kindergarten und zu privaten Anlässen erprobt. Häufig stammen die abgebildeten Bewegungsideen mit Materialien von den Kindern. Kinder lieben es einfach, Objekte aus dem Haushalt auf ungewöhnliche Weise zum Spielen zu gebrauchen. Sie wollen neue Bewegungsmöglichkeiten ausprobieren und dabei die Eignung des Materials erkunden.

Bewegungsunsicheren Kindern helfen

Noch etwas unsichere Kinder brauchen körperbetonte Spiele und Spiele, mit denen sie sich nur auf sich selbst konzentrieren können. Zuerst interessiert es Kinder immer, was sie selbst schaffen, nicht das, was die anderen tun. Erst wenn sie zufrieden Aufgaben bewältigt haben, erweitern sie ihren Blickwinkel, beobachten andere Kinder und beginnen allmählich mit ihnen zu wetteifern. Wettspiele bringen immer Lust und Frust mit sich. Wir können Kinder nicht vor kleinen Pleiten und Pannen bewahren. Doch können wir jedes Kind emotional unterstützen, indem wir seine ihm eigenen Fähigkeiten loben und neu entwickelte Fertigkeiten hervorheben. Lustige Ideen und viel Spaß beim Ausprobieren sind jetzt wichtig!

Dürfen sich die Kinder eigene Bewegungsaufgaben stellen, so sind diese für sie auch machbar. Sie verändern Herausforderungen, bis sie ihnen gelingen. Sind sie dann mit sich zufrieden, so erschweren sie die Aufgabe wiederum oder sie suchen sich eine neue. Jeder Versuch, der gelingt, fördert ihren Mut. Kinder merken genau, wann sie kräftiger, geschickter oder schneller sind als zuvor. Vielleicht beim Werfen, Stelzenlaufen oder Rollen über die Turnmatte? Gelingt einmal ein Bewegungsversuch nicht, dann ist es gut, wenn die Kinder ihn wiederholen. Sie können ihn gegebenenfalls leichter gestalten, doch sollten sie nie sofort aufgeben!

Gesammelte Tipps erfahrener PädagogInnen

- Kinder brauchen in reizvollen Spiellandschaften das Gefühl der Herausforderung, ohne überfordert und von der Fülle oder Aufgabe überwältigt zu werden.
- Gezielte Bewegungsspiele, die spezielle Fähigkeiten fördern, kann man mit freien Spielzeiten in Bewegungslandschaften abwechseln.
- Kinder brauchen Aktivitäten, die die Bildungsbereiche abwechselnd ansprechen.
- Jedes Kind hat sein Tempo! Jedes Kind braucht in verschiedenen Bereichen unterschiedlich lang, bis es Entwicklungsschritte zeigt.
- Die Eltern sind die ersten und wichtigsten Lehrer ihrer Kinder. Erzieher sollten mit Eltern im engen Kontakt für das Kind zusammenwirken! Sinnvoll sind regelmäßige Gespräche über die Entwicklung des Kindes mit Tipps und Ideen sowie Verhaltensabsprachen für besondere Situationen.
- Helfen Sie Kindern so wenig wie möglich und so viel wie nötig! Ermutigen Sie selbst kleine Kinder zum Problemelösen. Fördern Sie bei Vorschulkindern methodisches Denken durch Zwischenfragen. Was ist in einer Aufgabe das Wichtige? Wie kann ich Schritt für Schritt an die Aufgabe herangehen?

- Helfen Sie dem Kind, sich zu konzentrieren. Ablenkungen und Lärm vermeiden! Dem Kind seine Zeit lassen!
- Betonen Sie das geglückte Ergebnis. Loben Sie oder muntern Sie auf, doch schenken Sie ihm keine extra Belohnungen, nur weil es etwas Wünschenswertes kann! Das Erfolgserlebnis ist Belohnung genug.
- Lassen Sie Kinder Bewegungsergebnisse vorzeigen, wenn diese es wünschen.
- Kurze, intensive Spielmomente mit uns Erwachsenen zwischendurch im vollen Alltag sind Kindern wichtiger als langes, gleichbleibendes Spielen ohne besondere Aufmerksamkeit von unserer Seite.
- Sprechen Sie beim Spielen mit einem Kind viel und deutlich, in einfachen, treffenden Sätzen. Sie sind sein sprachliches Vorbild.
- Sprechen Sie Kinder ab und an auf die Formen, Muster und Mengen der Spielmaterialien und Objekte in der Umgebung an. Das macht Kindern Spaß. Und sie betrachten auf diese Weise die ersten mathematischen Erscheinungen in ihrer Umwelt bewusster.
- Kleinkinder und Vorschulkinder brauchen vor allem viel Zeit zum selbsttätigen Erkunden, Beobachten, Reflektieren und Kreativwerden.
- Spielen Sie auch Spiele miteinander, die nicht ausdrücklich förderlich für irgendeinen Entwicklungsbereich sind.

Ganzkörperliche Wahrnehmung mit den sieben Sinnen

Der Begriff der Wahrnehmung steht für die Aufnahme und Verarbeitung von Reizen aus dem Körper und aus der Außenwelt. Was es wahrnimmt und wie intensiv, das ist für ein Kind entscheidend: Die Wahrnehmungsprozesse der sieben Sinnessysteme sind die Grundlage seiner physiologischen und psychischen Entwicklung.

Während der gesamten Kindheit entwickelt sich ein individuell genetisch vorbereiteter und durch Lebenserfahrungen geprägter Prozess zunehmender Differenzierung. Immer komplexer werden die Verarbeitungsmuster der sinnlichen Fähigkeiten. Alle neuen Informationen werden im Vergleich zu den bisherigen Informationen zu einem neuen Ganzen zusammengefügt. Die Wahrnehmung eines Kindes hängt somit von der angeborenen Veranlagung, der Beschaffenheit der Sinnesorgane, von äußeren Umständen und vor allem von den erlebten Handlungserfahrungen und Bedürfnissen sowie von dem konkreten sozialen Netz ab.

Ein positives Selbstbild

Die Reifung des Selbst, der Erkenntnis »wer ich bin!«, wird bei jedem Kind in erster Linie von seinen Körpererfahrungen und seinen Beziehungserlebnissen geprägt. Entscheidend für seine Selbsteinschätzung ist, was es in seinen ersten Lebensjahren erlebt, wenn es spielt, handelt und kommuniziert, und ganz besonders, was es dabei empfindet. Denn die Erlebnisse, wie z.B. beim Turnen oder Schwimmenlernen, werden nicht nur sachlich erinnert, sondern immer von starken Gefühlen, etwa Spaß, Angst, Zufriedenheit begleitet. Positive Gefühle unterstützen die Aufnahme und das Abspeichern von Erfahrungen. Negative Gefühle hemmen die Informationsverarbeitung und die Merkfähigkeit. Optimal sind Spielerlebnisse und sinnliche Erfahrungen, in denen sich Kinder wohl fühlen und kleine Erfolgserlebnisse verbuchen können!

Es ist wichtig, dass Kinder bis in die Schulzeit Sinneseindrücke realistisch spüren und einschätzen können. Sie sollten zumindest »durchschnittlich sensibel« wahrnehmen, so wie andere Kinder ihres Alters es im Schnitt tun. Ein Beispiel dazu: Beim Toben und Raufen in der Gruppe müssen sie ihre Kraft einschätzen und ihren Körper spüren können, um sich dabei nicht zu kraftvoll und zu unkoordiniert zu bewegen. Sie würden als ungeschickt auffallen, könnten schlechter mitspielen, würden vielleicht sich selbst oder andere Kinder verletzen. Beim Malen und Hantieren würden sich solche Wahrnehmungsschwierigkeiten in groben Bewegungen äußern.

Jede einzelne Wahrnehmungsschwäche bereitet einem Kind gleich mehrere Schwierigkeiten in seiner weiteren Entwicklung. Dem können Sie durch abwechslungsreiche Angebote der Sinnesschulung vorbeugen.

Ruhige Wahrnehmungsspiele ermöglichen eine gezielte Förderung der Entspannung. Da sich die Kinder dabei auf wenige Reize konzentrieren, fördern sie dabei die Aufmerksamkeit für die eigene Befindlichkeit und im Anschluss daran auch für neue Vorhaben.

Bewegungsintensive Spiele wecken den Tatendrang und die Experimentierfreudigkeit der Kinder. Fröhliche Sinnesspiele bewirken wie alle positiven Bewegungserlebnisse immer auch eine gelöste Stimmung: eine optimale Lernvoraussetzung.

Die Wahrnehmungsentwicklung von der Geburt bis ins Grundschulalter

Bereits im Mutterleib entwickeln sich unsere Sinne, zuerst der Tastsinn, dann der Gleichgewichtssinn, der Hörsinn und kurz vor der Geburt der Sehsinn.

Der Geruchs- und Geschmackssinn entwickeln sich wie der Sehsinn erst nach der Geburt intensiv. Auch der Gleichgewichtssinn im Innenohr, der Tastsinn und der Bewegungssinn der Muskeln und Gelenke müssen bei dem neuen Erdenbürger noch reifen. Drei der sieben Sinne gilt es als Basissinne besonders zu fördern: Der Tast-, der Gleichgewichts- und der Bewegungssinn bilden die Grundlage für die weitere sensorische und motorische Entwicklung. Ermöglichen Sie kleinen Kindern nicht nur abwechselnde optische Reize (Bilder an den Wänden, Mobiles, Lichtobjekte, bunte Spielsachen) und akustische Reize (häufiges Ansprechen, Singen, Reime). Besonders wichtig ist die intensive Nutzung des Bewegungssinns der Muskeln und Gelenke (Tiefensinn, kinästhetischer Sinn), des Gleichgewichtssinns (vestibulärer Sinn) und des Tastsinns (taktiler Sinn). Mit ihnen erfahren Kinder beim Lernen mehr Informationen als nur die üblichen der optischen und akustischen Sinneseindrücke. Bieten Sie ihnen deshalb viele taktile Reize zum Ertasten und abwechslungsreiche Bewegungsanreize zum Balancieren, Zugreifen, Krabbeln, Hüpfen, Galoppieren und Springen. Alle Sinnesreize werden dann zunehmend besser aufgenommen, zum Gehirn geleitet, mit anderen Informationen kombiniert, verarbeitet und gespeichert. Auch die Gehirndurchblutung wird in der

Bewegung gesteigert. Das bewirkt kurzfristig und langfristig eine bessere Sauerstoffversorgung und damit mehr Energie im Gehirn. Bewegung und handelndes Lernen fördern die Synapsenbildung und Nervenverästelung im Nervensystem. Bewegung und bewusstes Wahrnehmen aktivieren den Gehirnstamm, führen zu Wachheit und verbessern die Funktion der Gehirnzellen.

Die wesentlichste Vernetzung der Nervenbahnen zum und im Gehirn geschieht in den ersten fünf Lebensjahren, besonders im ersten. Sie können bei Kindern diese Vernetzung und die weitere Verarbeitung von Sinneseindrücken mit abwechslungsreichen sinnlichen Erfahrungen unterstützen, entweder nebenbei in alltäglichen Situationen oder durch gezielte Wahrnehmungsspiele.

Da sich die Vernetzungen im Gehirn beständig weiterbilden und sich neuen Anforderungen anpassen, sollten die einzelnen Sinnesorgane auch später bis Ende der Grundschulzeit vielseitig angesprochen werden. Es lohnt sich! Denn erst wenn ein Kind optimal wahrnehmen kann, ist ihm eine sinnvolle Reaktion möglich. Erst dann kann es seine Handlungen bewusst steuern, wohl dosiert reagieren und dabei die Folgen seines Tuns einschätzen.

Noch eine weitere wertvolle Auswirkung haben Wahrnehmungsspiele auf das Gehirn: Bewegungserlebnisse und Lernen durch Experimentieren verstärken die Zusammenarbeit der beiden Hemisphären, der rechten und der linken Gehirnhälfte. Erst eine gute Vernetzung der beiden sichert die Lernerfolge.

Wissenswertes über das Wahrnehmungssystem

Als Wahrnehmung wird der Vorgang der individuellen Einordnung der Empfindungen eines Kindes oder Erwachsenen bezeichnet, also der Vorgang der Reizverarbeitung von den Sinnesorganen bis ins Gehirn. Die persönliche Einordnung hängt dabei von den vorausgegangenen Erfahrungen, der Wahrnehmungsempfindlichkeit einzelner Sinnessysteme, der Reizverarbeitung und -verknüpfung miteinander und der vom Wesen des Kindes geprägten Deutung ab.

Die Sinnesorgane nehmen Informationen aus der Umwelt und aus dem Innern des eigenen Körpers wahr. Sie leiten diese an das zentrale Nervensystem des Gehirns. Die Augen, die Nase, der Mundraum und die Haut nehmen die Reize von außen wahr. Das Gleichgewichtsorgan im Innenohr, die Muskeln, Gelenke und Sehnen übermitteln Sinnesreize aus dem Körperinnern. Sie erkennen die Stellung der Körperteile zueinander, die Veränderungen in der Muskelspannung, den Kraftaufwand und die Dehnung einzelner Muskeln.

Als »Sinnesreize« bezeichnet man den Impuls auf ein Sinnesorgan. »Sinneseindrücke« sind die Erfahrungen, die das Kind durch den Reiz macht. Es fühlt z.B. die Oberfläche und die Form eines Balls in seiner Hand. Im zentralen Nervensystem des Gehirns wird die Wahrnehmung in einer bestimmten Situation koordiniert, geordnet, mit früheren Erfahrungen verglichen, dann verarbeitet und gespeichert. Das Gehirn lernt mit der Zeit immer effektiver auf die Sinneseindrücke zu reagieren und erteilt seinerseits Reize bzw. Befehle an die Körperteile. Dieser gesamte Verarbeitungsprozess der so genannten »sensorischen Integration« muss gut funktionieren, damit ein Kind später vielschichtig und ökonomisch lernen kann, egal ob es in jungen Jahren mehr praktisch handelnd oder ab der Schulzeit zunehmend abstrakt lernt.

Mehr Konzentration durch wache Sinne

Wahrnehmungsstörungen hängen oft mit Konzentrationsstörungen zusammen. Umgekehrt fällt es Kindern leichter, sensibel wahrzunehmen, wenn sie sich gut konzentrieren können. Seine Aufmerksamkeit ganz einer Sache schenken, mit Hingabe beobachten und experimentieren, das können gesunde Kinder vom Babyalter an. Sie tun es von sich aus gerne, wenn wir sie nur in Ruhe spielen und sich konzentrieren lassen. Weckt ein Gegenstand oder ein Spiel das Interesse eines kleinen Kindes, so wird es sich dem ganz und gar widmen wollen. Dann sollten wir Erwachsene es möglichst lange bei seiner Beschäftigung verweilen lassen und es nicht ablenken. Plötzliche, laute Geräusche, Rufe von verschiedenen Seiten, zu viele Spielsachen auf einmal, ständiges Herumgetragenwerden stören die Konzentration des Kindes auf sein Tun und hemmen eine intensive Wahrnehmung.

Spielen kleine Kinder regelmäßig mit Hingabe, so lernen sie, *wie* man am besten lernt, nämlich aktiv, handelnd, alle sinnlichen Informationen nutzend und verwertend. Mit solch wachen Sinnen und einer gewissen Konzentration lernen kleine wie große Kinder mehr (!) und sie können ihre Erfahrungen und neues Wissen leichter im Gedächtnis speichern.

Kinder lernen am besten ganzheitlich mit möglichst vielen Sinnen. Durch Wahrnehmungsspiele üben sie einzelne Eindrücke zu erfassen und bewusst einzuschätzen. Sie erfahren, dass sie Gegenstände mit mehreren Sinnen zugleich spüren können und dies auch versuchen sollten, um einen möglichst »echten« bzw. realistischen Eindruck zu bekommen. Diese Erfahrung bringt sie noch einen Schritt weiter: Unbewusst werden sie auch Erlebnisse mit mehreren Sinnen erfassen. Auf diese Weise verstehen sie Vorgänge in ihrer Umwelt umfassender, z.B. auf einem Wasserspielplatz: warum Wasser unterschiedlich stark und schnell aus der Pumpe kommt, wie es sich anfühlt, dass es im Sand versickert und der Sand matschig und klebrig wird. Sie sehen und spüren, wie das Wasser verdampft, wie der Sand trocknet und vieles mehr. Sie erfassen die Vorgänge mit mehreren Sinnen und verstehen sie so weitaus besser, als wenn sie einen Film über Phänomene rund ums Wasser sehen würden.

Unsere Wahrnehmung wird von sieben Sinnessystemen bestimmt. Jedes System für sich nimmt eine Fülle an Reizen auf. Doch erst die Vielfalt aller Sinneseindrücke zusammen verhilft uns Menschen zu wirklichkeitsnahen Informationen. Die Wahrnehmungssysteme der Kinder benötigen dafür jahrelange Erfahrungen.

Die sieben Sinne brauchen einander, um sich herausbilden zu können. Je ausgewogener und vielseitiger ein Kind in den ersten Lebensjahren spielt, sich bewegt, handelt und nachfühlt, umso »klüger« wird seine gesamte Wahrnehmung, umso weiter sein Aufnahmespektrum, umso größer seine Konzentration und sein Realitätssinn.

Mehr Bewusstheit für den eigenen Körper

Bereits im zweiten Lebensjahr können wir Kindern zu mehr Bewusstheit für die einzelnen Körperteile verhelfen. Sie lernen sie kennen und benennen. Schon bald verstehen sie, wozu diese zu gebrauchen sind und wie sie sich angenehm, aber auch unangenehm anfühlen. Sinnliche Erfahrungen beginnen für Kinder immer am eigenen Körper. Mit jedem neuen Wahrnehmungsspiel entdecken sie eine Form an Sinnlichkeit, mit jeder Bewusstseinsübung Neues über den Körperaufbau und seine Fähigkeiten.

Durch abwechselnd sanfte oder kraftvolle, ruhige, aber auch reaktionsschnelle Bewegungsspiele lernen Kinder, wie sie selbst auf ihre Bedürfnisse und Gefühle eingehen können. Wer einen sanften Umgang mit dem Körper vorgelebt bekommt, wird später immer auch rücksichtsvoller mit sich und auch mit anderen Kindern umgehen! Außerdem können in ihrer Wahrnehmung erfahrene Kinder Schmerzen besser orten und sie uns zeigen.

Gelegenheiten für Wahrnehmungsübungen wie die folgenden gibt es im Verlauf einer Woche viele. Nutzen wir sie für die Kinder und sprechen wir mit ihnen dabei altersgemäß über die gemachten Erlebnisse.

Hier ist dein Herz

Ohne Material
Spieleralter: 2–5 Jahre
Spieleranzahl: 1–viele

Legen wir dem Kind die Hand aufs Herz und betonen mit der Stimme den Herzschlag. Oder wir lassen es mit dem Ohr oder einem Stethoskop unseren Herzschlag hören. Kinder können ihren Herzschlag wie einen kräftigen Motor spüren. Sie empfinden dabei Kraft, Harmonie und Zuversicht.

Die Beine und Füße tragen dich sicher

Material: Matratze oder Turnmatte
Spieleralter: 2–5 Jahre
Spieleranzahl: 1–viele

Auf der Matratze zu springen gefällt Kindern und zeigt ihnen wie stark, flexibel und reaktionsschnell die Beine und Füße unseren Körper auch auf wackligem Untergrund tragen können.

Mit Mund, Zunge und Gaumen schmecken

Material: Lebensmittel
Spieleralter: 2–5 Jahre
Spieleranzahl: 1–viele

Was schmeckt uns und warum? Wie fühlt sich die Flüssigkeit an? Warum haben wir Durst und wann Hunger? Der Alltag bietet unzählige Möglichkeiten Fragen zum Körper aufzuwerfen, über Empfindungen und Hintergründe zu sprechen.

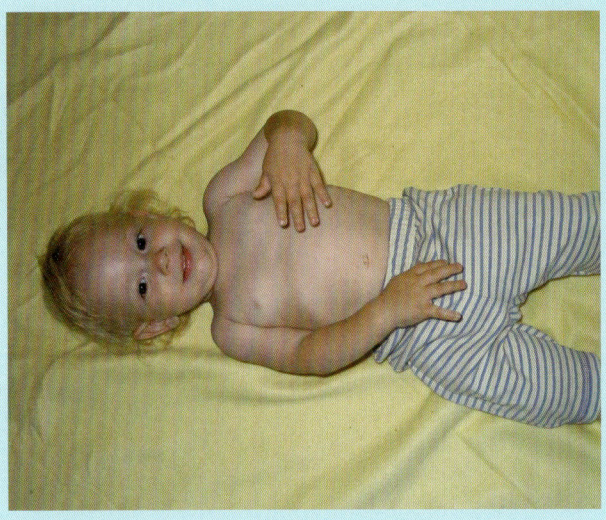

Wo ist mein Bauchnabel?

Ohne Material
Spieleralter: 2–5 Jahre
Spieleranzahl: 1–viele

Frage- und Antwortspiele zum Kennenlernen und Be-
nennenlernen von Körperteilen sind ab dem 2. Lebensjahr sehr sinnvoll. Die Kinder sind stolz auf ihren Körper
und werden über ihre befriedigte Neugier immer wis-
sensdurstiger.

Stofftiere bis ins Detail untersuchen

Material: 1 Stofftier oder Puppe pro Kind
Spieleralter: 2–5 Jahre
Spieleranzahl: 1–viele

Kleinkinder vergleichen den Körperaufbau ihrer liebsten
Stofftiere gerne mit dem eigenen. Sie putzen, pflegen
und umsorgen sie und lernen dabei, dass es gut ist,
behutsam mit den Gliedmaßen ihrer Stofftiere, mit den
eigenen und mit denen anderer Kinder umzugehen.

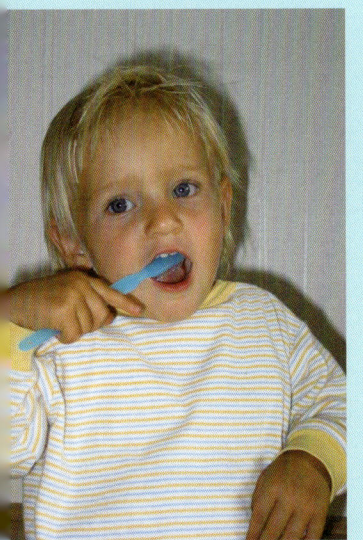

Das tägliche Spiel der Körperpflege

Material: Körperpflege-
produkte
Spieleralter: 2–5 Jahre
Spieleranzahl: 1–viele

Zähne putzen, Finger
schrubben, Bauch und
Beine eincremen, Haare
bürsten: Bei allen pflegen-
den Tätigkeiten können Kinder mithelfen, dabei Sprechen und Formulieren üben.
Erzählen wir ihnen, weshalb
wir etwas tun! Dann kommen schon bald die ersten
Kinderfragen dazu.

Wahrnehmungsspiele für alle sieben Sinne sind
in nur einer Bewegungsstunde möglich. Schon mit
wenigen Haushalts- und Spielmaterialien können Sie
alle Sinne gezielt ansprechen. Gestalten Sie mit 2- bis
6-jährigen Kindern kleine Spielstationen im Garten, im
Bewegungsraum oder in der Wohnung. Gemeinsam
mit anderen Kindern machen die Empfindungserleb-
nisse besonderen Spaß.
Sprechen Sie über diese, so erfahren die Kinder, dass
sie unterschiedliche Erfahrungen machen und dass
dies normal ist! Schön wäre es, wenn den älteren
Kindern dabei die Existenz der sieben Sinne und deren Aufgaben bewusst werden. Haben Sie dies im
Auge und sprechen es ab und zu an, dann achten
auch die Kinder zunehmend bewusster auf ihre
Sinneseindrücke.

Bewegungssinn – kinästhetisches System

Der Bewegungssinn, auch Tiefensinn oder Stellungssinn genannt, regelt die Wahrnehmung von Bewegungs-, Lage-, Raum-, Zeit- und Kraftempfinden. Er erfasst die Muskelspannung und Dehnung, die Stellung der Körperteile zueinander und darüber das Gewicht von Objekten. Die differenzierte Ausprägung dieser Fähigkeiten ist entscheidend für eine gute Koordination und Bewegungssicherheit. Sie ist im Straßenverkehr lebenswichtig, um in Gefahrensituationen geschickt reagieren zu können.

Beidbeiniges Hindernisspringen

Material: 8 schmale Pappplatten oder Teppichfliesen
Spieleralter: 2–6 Jahre
Spieleranzahl: 1–viele

Die Kinder springen kraftvoll über die Hindernisplatten, ohne diese zu berühren. Kleine Kinder machen gerne Zwischenhüpfer mit geschlossenen Füßen. Bitte vormachen!

Purzelbaum über den Nacken

Material: Gymnastikmatte oder dicke Decke
Spieleralter: 2–6 Jahre
Spieleranzahl: 1–viele

Beim Purzelbaum vorwärts sollten die Kinder nicht den Kopf aufstellen, sondern ihn weit zwischen die Beine hindurchschieben. Rückwärts sollten sie über eine Schulter rollen, nicht mittig über den Hinterkopf. Das schützt die Halswirbelsäule!

Gleichgewichtssinn – vestibuläres System

Für die ständige und möglichst optimale Ausrichtung des Körpers gegen die Schwerkraft sorgt der Gleichgewichtssinn im Innenohr. Seine beiden Hauptaufgaben sind das Gleichgewicht zu halten (z.B. beim Balancieren oder Radfahren) und die generelle gut aufgerichtete Haltung, die die Gesundheit und die Koordination des Körpers unterstützt. Außerdem bestimmt das Gleichgewichtssystem die Orientierung mit, das Bemessen der Lage von Dingen und einem selbst im Raum. Das Gleichgewichtsorgan ist mit Flüssigkeit gefüllt, die alle Schwingungen des Rumpfes und des Kopfes registriert.

Der Gleichgewichtssinn berührt auch unsere psychische Haltung. So gibt es eine wichtige Verbindung zwischen ihm und unserem Gefühlsleben. Es sind Nervenbahnen, die zum Gefühlszentrum, zum limbischen System führen. Dort werden die Sinnesinformationen auch emotional bewertet. Erfolge und glücklich stimmende Erlebnisse, wie es sie beim Balancieren häufig gibt, lassen den Pegel der Überträgersubstanz Dopamin steigern. Die Kinder fühlen sich wohl, zufrieden und sind motiviert. Können sie sich zunehmend sicherer auf ihren Gleichgewichts- und Bewegungssinn verlassen, so trauen sie sich auch immer mehr zu.

Balanceakt auf dem Fitball

Material: Großer und kleiner Ball
Spieleralter: 2–6 Jahre
Spieleranzahl: 1–viele

Auf der Wiese können Kinder gut auf einem großen Gymnastikball stehen, wenn sie am Rumpf gehalten werden. Stellen sie sich gestreckt und dennoch gelöst hin, so gleichen sie feine Schwankungen schon bald geschickt aus. Später halten sie einen Ball oder ein Stofftier über dem Kopf hoch, knien sich behutsam oder setzen sich aufrecht hin.

Spielwaren transportieren

Material: 2 Plastikteller und kleine Spielwaren
Spieleralter: 3–6 Jahre
Spieleranzahl: 1–viele

Den Kindern werden wahlweise stabile Spielsachen oder weiche Jonglierbälle auf zwei Plastikteller gelegt. Diese versuchen sie auf Kopfhöhe über eine abgesteckte Strecke zu transportieren, erst langsam gehend, später schneller.

heranholen, sondern zarte wie auch kraftvolle Berührungen einschätzen lernen. Wie sie sich beim Spielen mit anderen fühlen, darüber entscheiden ihre Wahrnehmungserlebnisse über diesen ganzkörperlichen Berührungssinn mit. Über den Tastsinn spüren sie, was ihnen angenehm ist und was nicht.

Körperteile massieren

Material: Massage-, Tennis- oder Jonglierball
Spieleralter: 2–6 Jahre
Spieleranzahl: 2–viele

Zwei Kinder berühren einander gegenseitig mit dem Ball an zuvor benannten Körperteilen. Dann rollen sie mit dem Ball in Kreisen massierend über die jeweiligen Muskeln. Wie fest oder leicht müssen sie dabei drücken, damit es für den Partner angenehm ist?

Sehsinn – visuelles System

Der Sehsinn muss Helligkeiten, Objektgrößen, Formen und Farben unterscheiden, Raumlagen erkennen, räumliche Beziehungen verfolgen. Er koordiniert die Hand- und die Beinbewegungen mit und überblickt auch dem Körper ferne Objektbewegungen. Die visuelle Wahrnehmung übernimmt also vielfältige Aufgaben, die nur Kindern mit gesunden Augen möglich sind. Ein Augencheck beim Optiker hilft, bei ersten Auffälligkeiten weitergehende Wahrnehmungsstörungen zu vermeiden.

Farben erkennen

Material: Verschiedenfarbige Plastikteller oder Schalen
Spieleralter: 2–5 Jahre
Spieleranzahl: 1–viele

Auf Zuruf suchen ein oder mehrere Kinder einen Plastikteller in der erbetenen Farbe aus und legen sich diesen für zehn Sekunden balancierend auf den Kopf. Später legen sie die Teller wie zugerufen auf eine Schulter oder ein angehobenes Knie.

Bewegter Untergrund

Material: Decke oder Badetuch
Spieleralter: 2–6 Jahre
Spieleranzahl: 2–viele

Die Kinder ziehen einander auf der Decke kniend, sitzend oder sogar stehend über die Wiese. In welchen Körperpositionen gelingt das Balancieren auf der Decke besser? Wie fällt dem anderen Kind das Ziehen der Decke leichter?

Tastsinn – taktiles System

Die Haut besitzt als unser größtes Tastorgan unter ihrer Oberfläche eine Vielzahl von Sensoren (Druck-, Kälte- und Schmerzfühler), durch die Informationen über Berührungen an das Gehirn weitergeleitet werden. Mit diesem taktilen System nehmen wir die Größe, Form, Oberfläche, Temperatur, Festigkeit von Objekten und Körpern wahr. Die meisten Sensoren befinden sich in den Fingerspitzen, Füßen, Lippen und der Zungenspitze.
Der Tastsinn ist für kleine Kinder eine große Energiequelle und eine enorm wichtige Informationsquelle, über den sie nicht nur Sachinformationen

Hörsinn – auditives System

Das auditive System nimmt Klänge, Lautstärke, Töne und die Sprache wahr. Die Ohrmuschel fängt den Schall wie ein Trichter auf, der Gehörgang leitet ihn an das Trommelfell weiter. Die Schwingungen der Schallwellen werden über die Gehörknöchelchen an die Sinneszellen, die zentralen Hörorgane und das Zentrale Nervensystem geleitet und dort verarbeitet. Durch Alltagslärm sind die Gehöre mancher Kinder stark überreizt. Stille, leise Geräusche, angenehme Töne beruhigen. Sie helfen beim Konzentrieren, bewirken gezielt eingesetzt neue Aufmerksamkeit. Sie wecken die Fantasie und die Bewegungslust.

Rhythmen wiedergeben

Material: Peziball
Spieleralter: 2–6 Jahre
Spieleranzahl: 1–viele

Vorgegebene Rhythmen auf einem großen Ball nachzuklopfen, das macht kleinen wie großen Kindern Spaß. Zuerst sollten die Rhythmen kurz und einfach sein, z.B. »kurz-kurz-lang«. Später können Kinder ab vier Jahren einem gleich bleibenden Rhythmus über etwa zehn Sekunden lauschen und ihn dann im selben Tempo wiederholen.

Flüsterschlauch

Material: Schlauchstück, etwa 50 cm lang
Spieleralter: 2–6 Jahre
Spieleranzahl: 2–viele

Kannst du hören, was ich dir durch den Schlauch flüstere? Die Kinder sind erstaunt, wie laut und deutlich sie die Worte des anderen durch den Schlauch hören können. Die Nachricht kann auch als »Stille Post« im Kreis weitergegeben werden.

Geschmackssinn – gustatorisches System

Das gustatorische System nimmt chemische Geschmacksreize zur Steuerung der Nahrungsaufnahme auf. Die Zunge erkennt an ihrer Spitze Süßes, an den Seiten Saures, am Rand Salziges und am hinteren Zungenende bitteren Geschmack. Spiele zum Schmecken, z.B. Erkennungsspiele mit verbunden Augen oder das Kosten von ungewöhnlich kombinierten Nahrungsmitteln, schulen die differenzierte Wahrnehmung unterschiedlicher Geschmacksrichtungen und fördern das Erkennen von zarten Geschmacksnuancen.

Kosten und schmecken

Material: Salzige, saure, süße Nahrungsmittel, Augenbinde
Spieleralter: 2–6 Jahre
Spieleranzahl: 2–viele

Aus einer zuvor getroffenen Auswahl an Nahrungsmitteln geben sich die Kinder gegenseitig Stückchen zum Kosten und Erraten. Das schmeckende Kind darf weiter probieren, bis es ein Nahrungsmittel falsch benennt. Dann werden die Rollen getauscht.

Geruchssinn – olfaktorisches System

Der Geruchssinn nimmt den Geruch zur Nahrungskontrolle, Hygiene und Umweltkontrolle wahr. Erst wenn das Riechorgan mit dem Geschmackssinn zusammenarbeitet, kommt der Geschmack von Nahrungsmitteln, Getränken und auch der von Spielmaterialien (bei Kleinkindern natürlich von Bedeutung) voll zur Geltung.

Was riechst du?

Material: Klein geschnittene Lebensmittel und Naturmaterialien, Halstuch
Spieleralter: 2–6 Jahre
Spieleranzahl: 1–viele

Mit geschlossenen oder verbundenen Augen erriechen Kinder gerne Lebensmittel und Naturprodukte aus unterschiedlichen Materialien.

Kinder brauchen wie wir Erwachsene aktive kleine Alltagspausen, in denen sie entspannen, spielen, Spaß haben und wieder locker werden. Zu voll, zu stressig ist doch so mancher Tagesablauf. Wahrnehmungsspiele helfen auch innerlich zur Ruhe zu finden und sich neu zu konzentrieren. Nicht immer muss man dazu raus ins Freie gehen. Gerade die Behaglichkeit in Räumen tut oft gut. Im Winter brauchen wir mehr sinnliche Bewegungsideen für drinnen. Die meisten außen fotografierten Spiele der folgenden Kapitel können Sie in der kalten Jahreszeit ebenso in Räume oder Sporthallen verlegen.*

Ballspiele über den Boden

Material: Bälle
Spieleralter: 2–6 Jahre
Spieleranzahl: 2–viele

Bälle hin und her kullern gefällt kleinen Kindern auf den Knien, im Krabbeln und Rollen über eine weiche Decke gut. Sie agieren mit dem ganzen Körper, nutzen die Füße wie die Hände. Dies schult die Überkreuz-Koordination von Armen und Beinen sowie den Gleichgewichtssinn.

Ballverstecke suchen

Material: Lieblingsball
Spieleralter: 2–6 Jahre
Spieleranzahl: 2–viele

Zuerst können Zweijährige zusehen, wohin wir den Ball anscheinend heimlich verstecken, und ihn dann finden. Ältere Kinder müssen wirklich auf die Suche gehen, sich strecken, bücken und verbiegen, um zu den Verstecken zu gelangen.

Große Bälle beidhändig werfen

Material: Mittelgroßer Ball
Spieleralter: 2–6 Jahre
Spieleranzahl: 1–viele

Beidhändiges Werfen im Stehen ist eine gute Übung für die Augen-Hand-Koordination, einen festen Stand und das Gleichgewicht. Die kraftvolle Schleuderbewegung macht den Kindern auch deshalb so viel Spaß, weil sie nun ihre Rumpf- und Armmuskeln stark spüren. Der Tiefensinn, der Tast- und Gleichgewichtssinn erfahren hier, wie bei allen bewegungsintensiven Wahrnehmungsspielen, ein besonderes Training.

Zeitungspapier kleidet!

Material: 1 Zeitung für zwei Kinder
Spieleralter: 2–6 Jahre
Spieleranzahl: 2–viele

Die Kinder verkleiden sich gegenseitig mit Zeitungspapier. Sie falten, reißen und knüllen die Bögen nach Lust und Laune, stecken sie sich in Kleidungsstücke und gestalten Kopfbedeckungen.

Materialunterschiede erspüren

Material: Biegsame Haushaltsmaterialien
Spieleralter: 2–6 Jahre
Spieleranzahl: 1–viele

Verschiedene biegsame Objekte mit der Haut des Gesichts, des Halses und der Hände erfühlen ist ein sinnliches Vergnügen, das beruhigt und bei Kindern Fragen nach der Materialbeschaffenheit der Dinge aufwirft.

Objekte verbinden

Material: Weiche Materialien, Schachteln, Papprollen, Schnüre
Spieleralter: 2–6 Jahre
Spieleranzahl: 1–viele

Eine Auswahl an Haushaltsgegenständen und Spielmaterialien wird immer wieder gerne neu zusammengebaut, mit weichen Schnüren verbunden, mit Federn und Servietten geschmückt. Dies schult intensiv die Geschicklichkeit, den Tastsinn und optischen Sinn.

Fußabdrücke basteln

Material: Pappe, Teppichfliesen, Wellpapier, Büroklammern, Wolle, Steinchen, Federn, Kleister oder Kleber
Spieleralter: 2–6 Jahre
Spieleranzahl: 1–viele

Haben ältere Kinder aufgemalte Fußabdrücke z.B. aus Pappe oder Tonkarton ausgeschnitten, so können auch jüngere Kinder Materialien mit aussuchen, die nun auf die Pappfüße geklebt werden.
Tipp: Pro Fußabdruck nur ein Material nutzen.

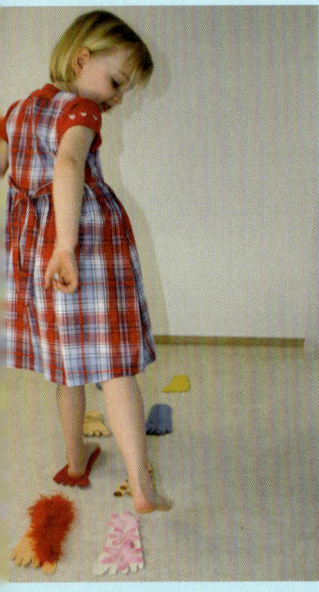

Mit nackten Sohlen tasten

Material: Selbst gebastelte Fußabdrücke
Spieleralter: 2–6 Jahre
Spieleranzahl: 1–viele

Die Kinder betreten die zwei-spurig in Reihe liegenden Fuß-abdrücke mit nackten Sohlen vor- und rückwärts gehend, gerne auch mit geschlossenen Augen. Wie unterschiedlich fühlen sie sich an?

Das sinnliche Erleben prägt die ersten Entwick-lungsschritte eines Kindes. Über seine sieben Sinne erfährt ein Kind sich selbst, seine abwech-selnde Umgebung, andere Menschen, Lichter, Geräu-sche, Bewegungsempfindungen. Es ertastet Formen, Temperaturen und Materialien. Bieten wir ihm vielfäl-tige sinnliche Anregungen, unterstützen wir spiele-risch seine Wahrnehmung und damit immer auch sein Selbstbild. Abwechslungsreiche Sinnesspiele fördern die Aufmerksamkeit der Kinder für die Umwelt und damit ein realistisches Weltverständnis und ein umfas-senderes Lernvermögen über mehrere Sinnes- bzw. Lernkanäle.

Fußabdrücke erraten

Material: Selbst gebastelte Fußabdrücke
Spieleralter: 2–6 Jahre
Spieleranzahl: 1–viele

Welcher Fußabdruck wurde angereicht? Welches Material spüren die Kinder? Ist es der gelbe mit den kleinen Steinen? Dieses Ratespiel weckt die Aufmerk-samkeit, fördert die Konzentration und schult das Gedächtnis.

Die Form der Fußspuren

Material: Selbst gebastelte Fußabdrücke
Spieleralter: 2–6 Jahre
Spieleranzahl: 1–viele

Mit verbundenen oder auch nur geschlossenen Augen gehen die Kinder Schritt für Schritt behutsam auf den Fußabdrücken entlang und erspüren mit den nackten Sohlen und dem Gleichgewichtssinn die Form der Spur, z.B. einen Kreis, ein Rechteck, ein Zick-Zack oder ei-nen kurvenreichen Weg.

Das Lernen beginnt für Kinder immer mit Bewegungen. Aktiv handelnd sammeln sie echte Erfahrungen für die Sinne, die Koordination, die kognitive und die emotionale Intelligenz. Es sind wirkliche Erfahrungen aus erster Hand, keine erzählten oder verfilmten. Dieses die Realität untersuchende Lernen bezeichnet man als »forschendes Lernen«. Es ist die sinnvollste Lernweise für Kinder bis mindestens zum Ende der Grundschulzeit. Die geistige, emotionale und soziale Lernentwicklung eines Kindes basiert auf seiner Wahrnehmung und Motorik. Es muss seine Umwelt und sich selbst spielend erkunden und untersuchen! Dafür sollte es vielseitige Materialien ergreifen können, um Vorgänge auch wirklich zu be-greifen. Nur so stellt es seine bisherigen Fertigkeiten immer wieder auf die Probe und bringt sein Wissen auf einen neuen Stand.

Problemorientiertes Spielen und Lernen

Kinder spielen in der Natur, in Spielecken oder an Bewegungsstationen gerne problemorientiert. Es entspricht ihrer neugierigen und pragmatischen Natur, Aufgaben lösen zu wollen. Finden sie einmal keine Spielaufgaben, so können wir ihnen beispielgebend eine stellen. Haben wir sie mit einer Bewegungsaufgabe oder einer Frage angeregt, dann können sie ihre kleine Welt forschend und selbstständig beobachtend erobern.

Doch wie bringen wir schüchterne Kinder zum forschenden Lernen? Unsichere oder unmotivierte Kinder kann man leicht mit abwechslungsreichen Wahrnehmungsspielen motivieren. Hier machen sie mit unterschiedlichen Körperteilen und Sinnesorganen Erfahrungen, die angenehm sind oder gar als witzig empfunden werden. Das bestärkt sie! Es weckt in ihnen die Lust, Neues zu erforschen und sich auftauchenden Problemen zu stellen.

Wichtige erste sinnliche Erfahrungen

Im Garten oder Park können kleine Kinder wertvolle erste Sinneserfahrungen sammeln, die ihnen als Basis dienen. Dazu benötigen sie keine Spielwaren, die würden sie wahrscheinlich ablenken. Eine Hängematte oder eine Hängeleiter wären schön. Sie ermöglichen den Kindern neue Balanceerfahrungen.

Die nahe Natur untersuchen

Ohne Material
Spieleralter: 2–4 Jahre
Spieleranzahl: 1–viele

Inmitten der Natur eines Gartens oder Parks erkunden kleine Kinder gerne spontan ihre Umgebung. Sie nehmen dabei ganz von allein neue Informationen immer mit mehreren Sinnen zugleich auf.

Es kitzelt und streichelt

Ohne Material
Spieleralter: 2–6 Jahre
Spieleranzahl: 1–viele

Im Sommer sollten Kinder besonders viel barfuß laufen. Gras, Erde und Sand wecken die unzähligen Nervenzellen an der Fußsohle. Diese sinnlichen Impulse werden über die Reflexzonen an alle anderen Organe und Körperteile weitergeleitet. Die Kinder fühlen sich wach, sensibel und bekommen Lust, die Füße zu untersuchen. Ein schöner Moment um zu testen, was die Zehen alles können: z.B. Zweige festhalten.

Schaukelnde Perspektive

Material: Hängematte
Spieleralter: 2–4 Jahre
Spieleranzahl: 1–viele

Kinder lieben Hängematten wegen der Geborgenheit und der Beruhigung, die sie in ihnen erfahren. Hängen ermöglicht ihnen aber auch eine neue Perspektive auf das natürliche Umfeld, das sie bislang nur vom Boden aus überblicken konnten. Gleichzeitig wird der Gleichgewichtssinn im Zusammenwirken mit dem optischen Sinn geschult.

Wasserdruck spüren

Material: Wasserschlauch, Becken, Gefäße
Spieleralter: 2–6 Jahre
Spieleranzahl: 1–viele

Mit dem Gartenschlauch können schon kleine Kinder beim Wässern von Pflanzen die Eigenschaften des Wassers erfahren. Sie erfassen diese nicht mit dem Verstand, sondern mit ihren Sinnen. Sie erfühlen das Wasser als nass, kalt, stark spritzend oder leicht fließend. Sie können den Wasserdruck am Hahn verändern, ihn sehen und spüren. Sie werden die Weite des Wasserstrahls manipulieren, Bälle wegspritzen oder den Wasserstrahl mit den Fingern weiten. Wie schnell können die Kinder mit dem Schlauch einen Eimer, eine Sandmuschel oder den Badepool zur Hälfte mit Wasser füllen? Warum dauert dies unterschiedlich lang? Dann werden mit Plastikgefäßen und Trinkbechern Wassermengen umgefüllt. Oder die Kinder spielen mit dem Wasserauftrieb: Welche Spielmaterialien schwimmen obenauf?

Sinnliche Luftwirbel

Material: Tüllstoff um Luftballons gebunden
Spieleralter: 2–6 Jahre
Spieleranzahl: 1–viele

Das zweite Element, das Kinder reizvoll im Garten erleben können, ist die Luft. (Mit Bechern und Flaschen im Wasserbecken spielend, konnten sie bereits Luftmengen sehen und deren Druck gegen das Wasser spüren.) Aufgeblasene Luftballons mit Tüllstoff umhüllt sind reizvolle Spielobjekte zum Erkunden, weil der luftdurchlässige Stoff die beim Laufen und Toben entstehenden Luftwirbel in den Bewegungen des Tuches zeigt.

Kopfüber hängen

Material: Hängematte, Hängeleiter
Spieleralter: 2–6 Jahre
Spieleranzahl: 1–viele

Kleine Kinder können wir aus der Rückenlage behutsam an den nackten Unterschenkeln gefasst hochhalten. Vierjährige hängen sich mit den Kniekehlen gerne an Holzleitern ein und verschaffen sich so selbst den Genuss, die Welt auf dem Kopf stehend zu betrachten. Eine tolle Übung für den Gleichgewichts-, den Bewegungssinn und den optischen Sinn!

Kinder sind wahre Bewegungskünstler, wenn wir nur betrachten, welche ganzkörperliche Gewandtheit und feinmotorische Geschicklichkeit sie sich in nur vier Jahren spielend antrainieren! Ab vier Jahren können die meisten Kinder die Fortbewegungsart Laufen bewusst seit- und rückwärts ausführend üben. Sie können sich im Galoppieren, Hüpfen (einbeiniger Absprung mit angehobenem Knie), beidbeinigem Springen und in weiten Laufsprüngen von einem auf das andere Bein versuchen.

Gut wäre es, nun wieder das Krabbeln auf Händen und Füßen (!) aus der Babyzeit zu wiederholen. Dies ist die Basis aller Überkreuzbewegungen. An dieser Fertigkeit zeigt sich die Koordination und Kraft der Beine und Arme. Auch der Spinnengang, rücklings auf die Hände gestützt, schult die ganz-

körperliche Gewandtheit und begeistert Kinder in Fangspielen wie dem »Spinnenfangen« auf abgestecktem Feld.

Kinder sollten jahrelang viel balancieren! Auf breiten Balken, Mauern oder am Boden liegenden Seilen gelingt es schon den Kleinen. Größere schreiten gerne balancierend über Rundbalken, schmale Latten, stabile Äste oder über gespannte dicke Seile. Sie verbessern mit jedem Mal ihre Fußgeschicklichkeit, den Krafteinsatz ihrer Beine, das Ausgleichen feiner Schwankungen mit dem Rumpf und den Armen. Sie strecken ihren Körper und fordern sich damit selbst eine aufrechte Haltung ab.

Besonders wichtig erscheint mir, dass Kinder vorwärts rollen können. Und zwar immer über den

unteren Nacken (vgl. S. 32) oder diagonal über eine Schulter, wie im Judo, damit beim schwungvollen Rollen Kopf und Halswirbelsäule geschützt werden. Das Automatisieren dieser Rollbewegung garantiert Kindern ein sicheres Fallen und Abrollen bei Fahrrad- und Inlinerstürzen, beim Ski- oder Snowboardfahren. Denn wird die Judorolle vorwärts erst einmal beherrscht, reagiert man im Notfall automatisch richtig – man rundet sich, beugt die Beine und rollt über die Schulter ab. Die Judorolle ist leicht auf einer Matratze zu üben.

Die Judorolle ohne Abschlagen

Das seitliche Rollen um die Längsachse können kleine Kinder schnell nachahmen. Es ist eine gute Vorübung für die Judorolle. Im Anschluss daran könnten sich die Kinder auf einer Matratze oder

Turnmatte klein und rund wie ein Ei auf dem Rücken vor- und zurückrollen, dann den Purzelbaum über den unteren Nacken üben.

Bei der Judorolle rechts stellen die Kinder den rechten Fuß etwas vor, stützen sich vorne mit der linken Hand ab. Sie halten den rechten Arm samt Handgelenk und gestreckten Fingern nach vorne unten, in sich rund und hart angespannt. Diesen Arm setzen sie beim Vorrollen an Stelle des Kopfes zwischen ihren Füßen ab, ziehen den Kopf eng an ihn heran und rollen über den Rücken, bis sie auf dem Po sitzen.

Stark machen – Mut machen!

Wir wünschen unseren Kindern viel Kraft, eine gute Portion Sensibilität und einen ausgeprägten Realitätssinn. Ziemlich viel auf einmal! Oder? Mut soll es haben, zu sich zu stehen und Neues zu probieren. Es soll sich seiner Stärken bewusst sein und seine Schwächen einschätzen können. Durch bewegungsreiche Wahrnehmungsspiele können Kinder gerade zu Hause ohne Druck und Leistungsvergleich die eigenen Fähigkeiten erkennen und im Spiel verbessern. Möchten Eltern ihre Kinder gezielt körperlich und psychisch stark machen, dann gilt es, abwechselnd mehrere Sinne zu stärken! Dadurch werden sie sich sicherer in der Welt bewegen. Besonders der taktile Sinn der Haut, der Gleichgewichtssinn und der Tiefensinn der Muskeln und Gelenke sollten zusammen mit dem optischen Sinn viel angesprochen werden. Dies gelingt leicht durch Vormachen und Nachmachen von Bewegungseinfällen. Doch nicht immer müssen die Erwachsenen Bewegungen vorzeigen. Die Kinder geben sich gerne untereinander Bewegungsideen. Durch geschicktes Nachfragen bringen wir sie dabei zu einer ungemeinen Bewegungsvielfalt. Sie klettern, raufen und spielen spontan, probieren Neues aus, verwerfen nicht funktionierende Ideen und freuen sich über jeden kleinen Bewegungserfolg. Das macht sie stolz!

Spiele zum Wahrnehmen, zum Toben und Entspannen sind gleichermaßen wichtig. Dazu brauchen Kinder Zeit, viel Zeit für freies Spielen! Und sie brauchen verschiedene Materialien für abwechslungsreiche Bewegungsstationen. Suchen Sie Alltagsgegenstände wie Matten, Plastikflaschen, Stäbe, Eimer, Bretter, Tücher. Diese ungewohnten Spielobjekte motivieren Kinder besonders. Bälle aller Größen, Seile, Stelzen oder Slalomhütchen wecken die Bewegungslust und erleichtern den Einstieg.

Wackelige oder in sich bewegliche Spielgeräte auf Spielplätzen bieten wertvolle Gelegenheiten den Gleichgewichts- und Bewegungssinn durch Schaukeln, Wippen, kreisendes Schwingen oder Rütteln anzuregen. Bewegungssichere Kinder lieben diese Herausforderung! Sie lernen sich bewusst ruhig und konzentriert zu bewegen, wenn es wacklig wird.

Sandballen können Kinder entweder in weichen Putztüchern oder in Feinstrümpfen mit etwas Wolle zusammenbinden. Es sind lustige Spielobjekte, weich und instabil, handfest und schwer zugleich. Mit ihnen sind Kindergartenkindern ab drei Jahren und auch Schulkindern bewegungsintensive Schwung-, Transport- und Fühlspiele möglich.

Sandballen kicken

Material: 6 Sandballen, kurze Schnüre
Spieleralter: 3–6 Jahre
Spieleranzahl: 1–viele

An einer Turnstange, einem Fußballtor oder quer hängenden Ast können die Kinder mehrere Sandballen mit kurzen Schnüren festbinden. Darunter begeben sie sich rücklings auf Hände und Füße. Sie kicken mit den Füßen einen nach dem anderen schwungvoll hoch.

Zielwerfen

Material: 1–2 Reifen, Sandballen
Spieleralter: 3–6 Jahre
Spieleranzahl: 1–viele

Gerne werfen Kinder die weichen und dennoch kompakten Ballen durch einen Reifen oder über eine Schnur. Mit der Zeit können sie die Entfernung und die Wurfhöhe variieren. Wie oft treffen die Kinder in sechs Versuchen? Fragen wie diese motivieren Kinder sehr. Wer den Schwierigkeitsgrad erhöhen will, kann auch zwei oder mehr Reifen hintereinander hängen, durch die die Sandballen fliegen sollen.

Transportspiele

Material: 1 Sandballen pro Kind, Slalomhütchen oder eine Schnur als Ziel
Spieleralter: 2–6 Jahre
Spieleranzahl: 1–viele

Die Kinder transportieren ihre Sandballen um die Wette, zuerst auf der Handfläche, dann auf dem Handrücken, auf einer Schulter oder dem Kopf. Wer zuerst die Zielschnur überschreitet, erhält einen Punkt. So zählen die Kinder nebenbei ihre Ergebnisse mit. Ältere Spielteilnehmer müssen weiter hinten starten, so dass auch die Kleinen ab und zu gewinnen.

Spiele für Ausflüge und Strandtage

Für die folgenden Bewegungsspiele benötigen Sie nur Feinstrümpfe, ein Seil, etwas Wolle oder Schnur sowie Sand vor Ort. Auch für größere Kindergruppen reichen diese wenigen Materialien für eine ausgelassene Spielstunde.

Fußtransporter

Material: 2 Sandballen pro Kind, 1 Seil
Spieleralter: 2–6 Jahre
Spieleranzahl: 1–4

Die Mitspieler legen zwei Ballen auf ihre Fußrücken ab und halten die Strümpfe oben an den gebundenen Schlaufen fest. Nun schreiten sie behutsam Schritt für Schritt voran. Ein quer ausgelegtes Seil ist ihr Ziel.

Hau den Ballen weg!

Material: 1 Sandballen pro Kind
Spieleralter: 2–6 Jahre
Spieleranzahl: 2–viele

In einem abgesteckten Feld versuchen sich die Kinder gegenseitig den Sandballen von der Handfläche herunterzuschlagen. Sie dürfen ihn nicht festklammern, sondern müssen die Finger locker halten. Wer seinen Ballen verloren hat, hebt ihn auf und stellt sich bis zur nächsten Spielrunde außerhalb des Feldes.

Was steckt drin?

Material: Mehrere vorbereitete Sandballen mit je 1 kleinen Spielzeug oder Haushaltsobjekt
Spieleralter: 2–6 Jahre
Spieleranzahl: 2–viele

Mit geschlossenen Augen nimmt das Kind einen der Sandballen entgegen, in denen je ein anderes Objekt verborgen wurde. Es erfühlt dieses mit den Fingern, benennt es und beschreibt, wie es sich anfühlt. Kindern ab fünf Jahren gelingt dies auch, ohne dass sie die verschiedenen Objekte zuvor gesehen und mit uns benannt haben.

Beidseitige Armschwünge

Material: 2 Sandballen pro Kind
Spieleralter: 3–6 Jahre
Spieleranzahl: 1–viele

Zuerst üben die Kinder einen Sandballen im Schultergelenk weit zu kreisen, dann dies neben dem Körper, vor der Brust oder über dem Kopf zu tun. Gelingt dies auf beiden Seiten kreisend, so können sie zwei Ballen beidseitig schwingen. Wie stehen die Kinder stabil? Wie müssen sie sich bewegen, damit die Ballen nicht über Kreuz fliegen?

Schleuderwurf

Material: 1 leichter Sandballen pro Kind
Spieleralter: 3–6 Jahre
Spieleranzahl: 1–viele

An der Schlaufe des verknoteten Feinstrumpfs gefasst, bringen die Kinder ihren Ballen mit kreisenden Armbewegungen in Schwung und schleudern ihn am höchsten Punkt weit voran. Wie müssen sie den Sandballen bewegen und wo loslassen, damit sie ihn besonders hoch oder besonders weit werfen? Die Weite der Würfe können sie selbst in Riesenschritten abmessen. Beim Schleudern spüren die Kinder die Schwerkraft und die Fliehkraft. Ein schöner Anlass, mit Vorschülern darüber zu sprechen!

Geschickte Partner

Material: 1 Seil, 2 Schnüre je 50 cm, 2 Sandballen
Spieleralter: 4–6 Jahre
Spieleranzahl: 2–viele

Im Abstand von einem Meter binden wir den Spielpartnern zwei Sandballen mit kurzen Schnüren an das Seil. Kurz hinter diesen beiden Knotenpunkten halten die Kinder das Seil einhändig fest und stellen sich gegenüber auf. Zuerst schleudern sie die Sandballen auf einander zu, indem sie ihnen mit der Hand am Seil Schwung geben. Später können sie das Seil ruhig hochhalten und die Ballen mit den Fußspitzen zueinander kicken.
(Zum Motivieren: Treffen die Ballen zusammen, so erhalten die Partner einen Punkt. Wie viele Punkte erzielen sie in einer Minute?)

Geräusche, Klänge und Rhythmen hören und sie selber erzeugen, das sind herrlich sinnliche Momente! Sie können Kinder in kürzester Zeit beruhigen und ihnen helfen, sich zu sammeln. Sie konzentrieren sich von neuem oder erhalten durch lustige Klangerfahrungen und rhythmische Spiele viel Schwung, z.B. um sich neu motiviert zu bewegen oder auch zu tanzen. Inmitten unserer lärmenden Welt mit der unerschöpflichen Masse an Tönen wird es ab und an nötig, Geräusche gezielt zu reduzieren. Bewusst in die Stille hinein horchen, anschließend leise Klänge, wohltuende oder lustige Töne hören, ist eine wunderbare Erfahrung. Hier gilt wirklich: »Weniger ist mehr!«

Kinder brauchen einfache Klangaufgaben, um Geräusche, Tonabfolgen, erste Rhythmen oder kurze Melodien zu erfassen. Es sind die alltäglichen akustischen Momente, die Kinder besonders reizen. Wir können gemeinsam mit ihnen bewusst hinhorchen, Klänge mit der Stimme oder mit Materialien aus dem Haushalt nachmachen. Zwei- und Dreijährigen genügen zwei bis vier verschiedene Klänge. Sie brauchen nur ein paar Materialien, die tönen, z.B. einen Plastikeimer, Zeitungspapier, eine Schachtel und einen Metalllöffel. Das Hörerlebnis können wir steigern, wenn wir ihnen ein Bechertelefon aus zwei Papp- oder Plastikbechern reichen, die wir mit einer Schnur in der Mitte der Becherböden verbinden. Wir können ihnen eine Horchmuschel, ein Flüsterrohr oder einen mit wenig Wasser gefüllten Luftballon anbieten.

Die folgenden Wahrnehmungsgelegenheiten und Sinnesspiele dienen dem Erleben von akustischen und rhythmischen Momenten. Die Kinder erleben dabei ihren Atem, die Einsatzmöglichkeiten der Stimme, hören und erzeugen unzählige Geräusche, Töne und Klänge.

Geräuschkulissen im Wald, im Park und am Wasser

Das Spieleralter für alle folgenden Spiele ist zwei bis fünf Jahre, Spieleranzahl: 1 bis viele. Die Spiele kommen ohne Material aus.

Stille lauschen

Legen Sie mit Kindern einmal im Wald, im Park oder auf einer Düne eine Pause zum Stillegenießen und Hinhorchen ein. Gemeinsam lauschen Sie auf die Geräusche der Umgebung. Welche sind es? Die Kinder können sie mit der Stimme wiedergeben. Von wo kommen sie? Von wem stammen sie?

Geräusche erzeugen

Welche Geräusche können die Kinder in dieser natürlichen Umgebung erzeugen? (Kratzgeräusche an Baumrinde oder Steinen, Klopftöne mit umherliegenden Naturprodukten, Klatschen mit der gestreckten Handfläche oder Klopfen mit den Fingerknöcheln gegen unterschiedliche Materialien…)

Kraftvolle Rufe

Wie anders hört sich unsere Stimme an, wenn wir inmitten einer kraftvollen Bewegung laut rufen oder kräftig »Jaahh!« brüllen. In der Stille des Waldes oder am Strand ist es ein herrliches Erlebnis.

Tiefe Stimmen

Es ist lustig, wie tief unsere Stimme wird, wenn wir kopfüber hängen. Versuchen Sie es doch einmal mit einem fröhlichen Reim, den Sie mit den Kindern erst stehend einüben. Diesen dürfen die Kinder je einmal im Hängen wiederholen. Vorsicht: Bitte neben den Kindern stehen und sie sichern.

Klangspiele für kleine Musikanten

Rhythmisch-musikalische Elemente in Bewegungsspielen kommen dem Ausdrucksbedürfnis und der Bewegungsweise von Kindern sehr entgegen. Durch rhythmisches Ausleben positiver Gefühle und der grundsätzlichen Bewegungslust der Kinder erfahren sie ausdauernde Freude am Zuhören und Mitbewegen. Sie üben sich in rhythmischen Bewegungsabläufen oder in einzelnen Gliedmaßenbewegungen, wie dem Stampfen, Tippen oder Klopfen. Dies schult immer auch die Aufmerksamkeit, die Konzentrationsfähigkeit und die Gleichgewichtsfähigkeit. Die Kinder lernen beim rhythmischen Bewegen, Tönen und Wahrnehmen, dass der Atem (neben dem von Kindern zumeist unbemerkten Herzschlag) einen starken körpereigenen Rhythmus darstellt. Sie erleben in Bewegungsanlässen unterschiedlicher Dynamik, dass sie den Atemrhythmus durch Anstrengung und durch bewusstes Atmen verändern können.

Sobald die Kinder in akustischen oder rhythmischen Bewegungsspielen Geräusche erzeugen, beim Ausatmen tönen oder Worte und Verse aufgreifen, sammeln sie immer auch wertvolle Spracherfahrungen. Wie die Einheit von rhythmischer Bewegung und Sprache weitergeführt werden kann, beschreibt das 3. Praxiskapitel.

Kinder lieben es, im ganzen Gebäude, im Garten und in der Garage nach Materialien zum Spielen oder zum Musizieren zu suchen. Was wird heute gebraucht? Lassen Sie die Kinder nach geeigneten Objekten forschen! Im Anschluss daran können die Kinder in Kleingruppen experimentieren, welche Töne, welche Rhythmen ihnen mit den Klangobjekten möglich sind.

Dieses Suchlied macht bei regelmäßiger Nutzung auch den kleinsten Kindern klar, welche Aufgabe die Gruppe nun hat:

> »Wer bringt mir alle Steine
> (Becher, Löffel, Schachteln, Nüsse),
> hört mal her,
> wer bringt mir alle Steine,
> das ist gar nicht schwer!«

Jede Strophe mit einer Wiederholung singen, dann haben die Kinder mehr Zeit und singen bald schon mit!

Klangmöglichkeiten

Material: Handtrommel oder Eimerchen mit Holzlöffel,
verschiedene Haushaltsgegenstände
Spieleralter: 2–6 Jahre
Spieleranzahl: 3–viele

Im Kreis sitzend erproben die Kinder zunächst die
Klangmöglichkeiten verschiedener Objekte. Dann stellen sie sich hin. Ein Kind bekommt eine wohlklingende
Handtrommel oder einen kleinen Eimer mit Holzlöffel.
Es darf den Grundschlag, das Metrum, in gemütlichem
Tempo vorgeben. Nacheinander spielen die einzelnen
Kinder mit ihren Haushaltsinstrumenten für eine Weile
mit ihm. Eine wichtige Vereinbarung: Jeder kleiner Mu-
siker stoppt auf Fingerzeig von uns, so dass wiederum
das nächste Kind in Ruhe spielen und gehört (!) werden
kann.

Rhythmusinstrumente bauen

Material: Verschiedene Haushaltsgegenstände und
Naturobjekte
Spieleralter: 2–6 Jahre
Spieleranzahl: 1–viele

Die Kinder basteln eigene Musikinstrumente, um mit ihnen einfache Rhythmen zu klopfen oder zu schütteln.
Sie gestalten sie aus Schachteln oder Papprollen, füllen
sie mit Bohnen oder Büroklammern. Sie nutzen Stäbchen, Löffel, Gläser, Becher, Aststücke, leere Dosen,
Trinkflaschen, kleine Kochtöpfe, lange Kreidestücke,
kurze Bambusstöcke, große Muscheln, Nüsse oder
Kastanien. Rhythmen wie »lang, lang, lang, Pause«
oder »lang, kurz, kurz – lang, kurz, kurz« können kleine
Kinder leicht nachahmen und meist auch länger beibehalten.

Wo hörst du das ...?

Material: Verschiedene (selbstgebaute) Instrumente,
Halstuch zum Augenverbinden
Spieleralter: 2–6 Jahre
Spieleranzahl: 4–viele

Ein Erkennungsspiel im Kreis: Auf Zuruf lassen alle im
Kreis um einen ausgewählten Mitspieler stehenden Kinder leise ihr Instrument klingen. Dann werden dem Mitspieler die Augen verbunden. Er wird nun aufzeigen
müssen, von wo er ein bestimmtes Klangobjekt hört.
Wo klingt das Glöckchen? Errät er es richtig, so wird
seine Rolle neu besetzt.

Pinke – pank

Material: Verschiedene (selbstgebaute) Instrumente
Spieleralter: 2-6 Jahre
Spieleranzahl: 2-viele

Wie können die Kinder den folgenden Vers rhythmisch
begleiten, so dass es sich schön anhört? Welche zwei
oder drei Klanginstrumente hören sich zusammen ge-
spielt gut an, so dass die Geräuschkulisse nicht zu laut
wird? Manches Kind möchte vielleicht den Spruch
alleine sprechen und ihn rhythmisch begleiten:

> *Pinke – pank,*
> *der »Tom« ist krank.*
> *Wo soll er wohnen?*
> *Unten oder oben?*
> *Pinke – pank,*
> *wo steht der Schrank,*
> *unten oder oben?*

Erste
Bewegungsvielfalt

Die motorische Entwicklung eines Kindes umfasst seine Koordination, Kraft, Schnelligkeit und Bewegungsausdauer. Am wichtigsten für eine gute Motorik ist in den ersten vier Lebensjahren eine sich vielseitig entwickelnde Koordination. Können die Kinder neue Bewegungsabläufe auch nur halbwegs gut koordinieren, so werden sie von selbst immer mehr Kraft einsetzen, die Bewegung schneller und ausdauernder wiederholen, z.B. beim Trampolinspringen oder Laufradfahren. Möchten Sie kleine Kinder in ihrer motorischen Entwicklung unterstützen, so gilt es daher vorrangig deren koordinativen Grundfertigkeiten abwechslungsreich zu fördern. Am sinnvollsten sind dabei den Körper unterschiedlich beanspruchende Bewegungserfahrungen. Denn: Jede neue Bewegungserfahrung bestärkt die Vernetzung der Nervenbahnen untereinander und fördert die Zusammenarbeit der rechten und linken Gehirnhälfte.

Erst wenn sich kleine Kinder auf viele Arten bewegen können, stehen ihnen die meisten Informationen aus ihrer Umwelt zur Verfügung. Was sich in Gebüschen verbirgt, entdecken sie vielleicht nur, wenn sie hineinkrabbeln. Wie eine Wiese von oben aussieht, das sieht der Klettermax vom Baum aus. Was zusammengebaut werden kann, das testen die Kinder mit immer geschickter gestaltenden Händen. Für alle experimentellen Erfahrungen brauchen die Kinder gute Bewegungsfunktionen der Arme und Hände, eine sichere Koordination der Beine und eine stabile aktive Haltung, die Schwankungen durch feine Gegenbewegungen ausgleicht. Wenn sich die Kinder in ihren Bewegungen sicher fühlen, dann werden sie mutiger und untersuchen selbstbewusst die Zusammenhänge ihrer Wirklichkeit.

Fortbewegungsarten und Gliedmaßenbewegungen

Betrachten wir die natürliche Bewegungsentwicklung der Kinder vom Babyalter bis zum Grundschulalter, so erschließen Kinder ihre Umwelt zum einen durch immer mehr Fortbewegungsarten und zum anderen durch spezielle Gliedmaßenbewegungen. Mit den Fortbewegungsarten Gehen, Laufen, Sichdrehen, Hüpfen, Galoppieren, Rollen,

Kriechen und Springen erforschen die Kinder ihre Umwelt weiträumig. Mit Gliedmaßenbewegungen im Stehen, Knien, Liegen oder Sitzen am Ort handeln sie konkret, gestalten ihre Umwelt aktiv mit. Diese Bewegungen einzelner Körperteile lassen sich getrennt, im Hinblick auf die Arm-, Bein- oder Rumpfbewegung beobachten, ebenso auf den Haltungsaufbau, auf die Geschicklichkeit der Hände und Füße. Besonders wichtig ist das koordinative Zusammenspiel der Gliedmaßen! Wie gut kann ein Kind seine Hände, Arme und Beine zusammen arbeiten lassen, z.B. beim Ballspielen, beim Raufen auf Matratzen, beim Klettern? Blickt es beim Spielen aufmerksam auf seine Finger oder Füße? Mehr denn je wird heute von Entwicklungswissenschaftlern gefordert, dass Eltern und Pädagogen bei Kindern insbesondere die Augen-Hand- und Augen-Fuß-Koordination, die Rechts-Links-Koordination und unterschiedliche Überkreuzbewegungen anregen sollten.

Weil kleine Kinder immer nur mit Einsatz ihres ganzen Körpers spielen und lernen können, sind bis zu ihrem sechsten Geburtstag vorrangig die Bewegungsspiele wichtig, die den ganzen Körper mit einbeziehen. Die Handgeschicklichkeit, die Rückenhaltung oder spezielle Beinbewegungen, z.B. im Ballett, können nur auf eine ganzkörper-

Schwerpunkte der koordinativen Förderung

Kleinen Kindern und Schulanfängern kommt es zu Gute, wenn Sie in Bewegungsspielen folgende Schwerpunkte abwechselnd unterstützen:

- die Fortbewegungsarten Gehen, Laufen, Kriechen, Galoppieren, Hüpfen, Springen in Variationen,
- gleichzeitige Gliedmaßenbewegungen von Armen und Beinen (z.B. Klatschen und Knie abwechselnd heben),
- Koordination der rechten mit der linken Körperhälfte,
- Überkreuzbewegungen von beiden Armen oder von beiden Beinen (z.B. rechte Hand auf linkes Knie und umgekehrt im Gehen auf der Stelle), vom rechten Arm und linken Bein oder umgekehrt,
- Augen-Hand-Koordination, Augen-Fuß-Koordination (beim Handeln bewusst hinsehen!),
- Gleichgewichthalten in Haltepositionen und in Fortbewegungsarten.

lich gut funktionierende Koordination aufbauen. Zu früh damit zu beginnen, wäre sinnlos! Auch mit den ganzkörperlichen Koordinationsspielen dieses Kapitels werden Kinder spezielle Fertigkeiten wie die Arm- und Beinbewegungen verbessern. Das Augenmerk der koordinativen Förderung kleiner Kinder liegt aber mehr bei einem sinnvollen Zusammenspiel aller Körperteile. Sie sollten viele neue Bewegungsideen kennen lernen und bereits bekannte Bewegungsabläufe sicher ausführen können.

Spezielle Bewegungserfahrungen

Balancespiele im Stehen und Sitzen lassen Kinder ihre körperliche Mitte erfahren, sie helfen ihnen sich zu zentrieren und zu konzentrieren. Sie wirken auch emotional harmonisierend. Besondere Bedeutung erfahren sie für die Schulung der aufrechten Haltung im Stehen, Sitzen, Knien und Sichfortbewegen. Balancespiele für den Gleichgewichtssinn kleiner Kinder finden Sie auch im 1. Praxiskapitel dieses Buches.

Die Förderung der Handgeschicklichkeit von zwei- bis sechsjährigen Kindern wirkt sich direkt auf eine Erweiterung der kindlichen Handlungsfähigkeit aus. Sie gehört zur Vorbereitung für die Schulzeit wie zur Unfallvorsorge. Sie initiiert bei vielen Kindern eine Vorliebe für feinfühliges Hantieren und kreatives Gestalten. Vermitteln Sie kleinen Kindern mehr Aufmerksamkeit für das Tun ihrer Finger. Doch beginnen Sie frühestens im Vorschuljahr mit einer bewusst geplanten Förderung der Handgeschicklichkeit und auch nur dann, wenn eine solch spezielle Unterstützung wirklich nötig erscheint. Am leichtesten entwickeln Kinder einzelne koordinative Fähigkeiten in ganzkörperlichen Spielen! Sinnvoll sind Bewegungsaufgaben, die die Hände gezielt miteinbeziehen oder auch das Bauen, Basteln und das Gestalten von Spielstationen.

Für die Förderung der Handgeschicklichkeit im Vorschulalter finden Sie im 4. Praxiskapitel ab Seite 115 spezielle Koordinationsspiele und reizvolle Aufgaben.

Kleinkinder lieben Bewegungsspiele mit viel Körperkontakt zu den Eltern oder in der Krabbelgruppe. Kuscheln, toben, den Körper entdecken – hierbei ist alles zugleich möglich! Kinder ab zwei Jahren krabbeln, gehen und balancieren gerne wie die kleinen Akrobaten auf den Körperteilen ihrer Eltern und Erzieher. Sie rollen über starke Arme oder rutschen auf unseren Beinen entlang. Dabei können wir ihnen wieder einmal sagen, wie man die einzelnen Körperteile nennt, und zeigen, wie gut man diese kitzeln kann. Für diese Gewandtheitsspiele sind keine Spielsachen nötig, nur Decken, Matten und einige Kissen. Auf weichem Untergrund kullern alle Kinder gerne. Sie getrauen sich dann, mehr Kraft einzusetzen und werden mutiger.

Die folgenden Spiele eignen sich für Kinder ab zwei Jahren.

Brücken bauen

Erwachsene können im Knien auf allen vieren Brücken unterschiedlicher Höhe und Weite darstellen. Ist das Kind durch eine Öffnung hindurchgekrochen, so drehen Sie sich etwas um und zeigen ihm eine neue Öffnung. Bald wird es selbst Brücken bauen. Schieben Sie dann einfach nur Arme oder Beine hindurch.

Bewegtes Balancieren

Setzen Sie das Kind zuerst auf Ihre gestreckten Beine ab und halten es sicher an den Unterarmen. Sie können es auf den Knien liebevoll wippen, heben dann langsam beide Knie hoch und ziehen die aufgesetzten Fußsohlen etwas zum Po. Hier oben kann das Kind nun sitzend balancieren. Motivieren Sie es durch Heben seiner Hände, den Rücken lang zu strecken!

In Kissen balgen

Zweijährige fühlen sich bärenstark, wenn sie Kissen und Decken und andere Dinge übereinandertürmen, hineinspringen und uns auf diese zu Boden ziehen können.

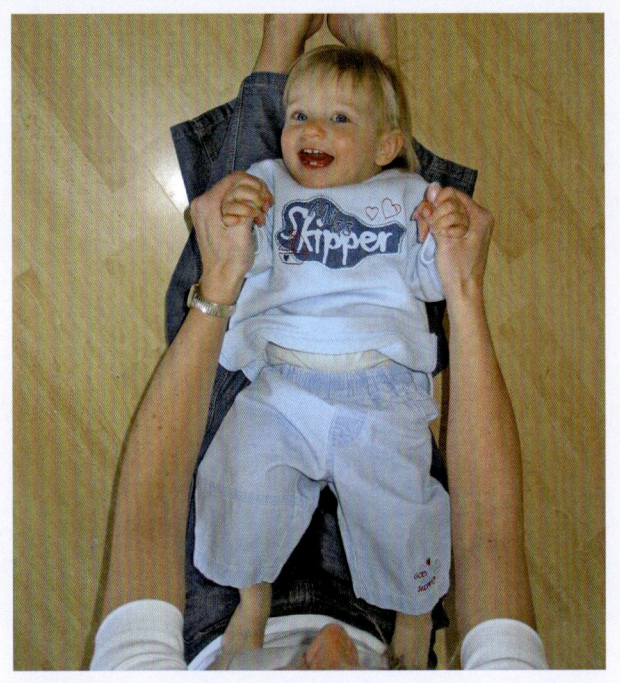

Sich runden, rollen, strecken

Legen Sie das Kind in Rückenlage auf Ihre gestreckten Beine. Halten Sie es sicher an den Händen fest, ziehen es sanft über eine Seite hoch, so dass es seine Bauchmuskeln anspannt, um aus eigener Muskelkraft ins Sitzen zu kommen.

In dieser Liegeposition können Sie das Kind auch sicher an den Unterschenkeln fassen und zu sich hoch vor die Brust oder kurzzeitig senkrecht in die Höhe ziehen – und es über Ihren Körper wieder sanft ablegen.

Mit Puppen tanzen

Mit einem tanzenden Stoffbären schwingen Kinder gerne die eigenen Hüften mit. Auch mit Handpuppen und einer fröhlichen Tanzmusik sind sie zum Tanzen zu motivieren. Leicht gelingt es, wenn sich die Kinder erst einmal im Sitzen mit der Handpuppe unterhalten können (z.B. über den Körper). Mit Musik können sich alle zusammen mit einer Handpuppe oder einem Stofftier auf dem Arm wippend und drehend bewegen.

Gegenseitige Berührungen

Über Körperteile streichen und sie dabei benennen, das macht allen Kindern Spaß. Vom Baby- bis ins Vorschulalter vermitteln Sie Kindern damit nicht nur Bewusstheit und die Namen der Körperteile, sondern auch Kenntnis darüber, wie sie sich im Stehen oder Sitzen übereinander aufbauen. So erfahren die Kinder ihr Körperschema. Das ist für die Entwicklung der Motorik und räumlichen Orientierung immens wichtig.

Die Bewegungsbaustelle ist ein Trainingscamp für kleine Abenteurer. Hier nutzen Kinder gerne Eimer, Töpfe, Kisten, Holzreifen, Autoreifen, Latten, Rundhölzer, Bretter, Balken, Stäbe, Ziegelsteine, Tücher, Zeitungspapier, Plastikflaschen, -teller, Blätter, Kugeln, Murmeln, Pappe, Seile, Bälle u.v.m. auf unübliche, kreative Weise. Die Kinder bauen nach eigenen Ideen Spielstationen und stellen sich und den anderen Bewegungsaufgaben, z.B. zum Überspringen oder Kriechen. Ihre Einfälle werden immer fantasievoller und realistischer. Es ist spannend, wie viele Bewegungsmöglichkeiten sie mit wenigen Objekten finden. Für manche Aufbauten brauchen sie Partner und üben sich dann selbstverständlich im Zusammenwirken und Kooperieren.

Jede neue Spielstunde mit Objekten aus dem Baumarkt, Garten und Haushalt ermöglicht Kindern ab etwa zweieinhalb Jahren vielseitige Bewegungserfahrungen. Den kleinen Kindern genügen die einfachsten Aufgaben, z.B. das Überschreiten von Holzbrettern und Autoreifen. Ältere Kinder bauen die Spielstationen mit immer wieder neuen Materialien um und suchen sich selbst neue Bewegungsanreize. Sie stellen sich auch schwierigere Aufgaben, von denen sie annehmen, dass sie sie bewältigen könnten.

Bewegungsbaustellen unterstützen Kinder in ihren motorischen, sozialen und geistigen Fähigkeiten. Sie helfen ihnen, sich in der Welt geschickter, weil physisch und kognitiv erfahrener, zurechtzufinden.

Freies Spielen auf der Bewegungsbaustelle macht Kinder in der Tat kompetent. Die Bau- und Spielerlebnisse unterstützen sie darin, selbstständig zu werden, ihr Umfeld aktiv zu entdecken und mitzugestalten. In diesen Spielstunden dürfen sie eigene Wege gehen und Neues ausprobieren. Sie lernen sich abzusichern und dabei mit anderen Kindern zu kooperieren. Ebenso können auf einer Bewegungsbaustelle im Garten spezielle Abenteuerspiele oder gezielte Mut-mach-Spiele angeleitet werden, in denen Kinder sich als stark erleben und die dabei die Bewegungssicherheit fördern.

Rituale und Regeln für die Bewegungsbaustelle

Rituale und Regeln helfen, die Kindergruppe beim Bauen, Toben und Spielen zu organisieren.

Das Besprechen von Verhaltensregeln vor der Freigabe der Bewegungslandschaft bereitet das Spielen der Kinder nebeneinander und miteinander vor. Ein paar Verhaltensregeln, die den Kindern aus dem Kindergartenalltag geläufig sind, und die Absprache von Bauvorhaben schaffen Ordnung für die nötige Sicherheit der Kinder. Und sie erleichtern ihnen die Zusammenarbeit.

Rituale stimmen die Kinder ein und bringen die Gruppe für Besprechungen zusammen. Ein Lied im Gruppenkreis sammelt die Kinder für die gemeinsam zu gestaltende Spielzeit. Auch Reime oder eine kurze Geschichte sind schöne Anfangsrituale, bevor Regeln besprochen und die Materialien hervorgeholt werden.

Schön sind bewegungsintensive Begrüßungsspiele in der Gruppe, bei denen sich die Kinder warmlaufen, hüpfen, die Arme und Beine locker bewegen und geschmeidig werden. Sie helfen den einzelnen Kindern, in der Gruppe »anzukommen« und sich »gut aufgenommen« zu fühlen. Laufspiele sind auch mit lustigen Begrüßungsvariationen möglich: Hand geben, »Give me five!« in die Hand schlagen, nach asiatischer Art die Hände vor der Brust falten und sich verbeugen, sich wie Indianer oder wie Judoka begrüßen.

Keine Angst vor den selbstständigen Bauvorhaben der Kinder: Sie können den Kindern helfen, wann immer die Kinder es sich wünschen. Sie müssen natürlich auch einschreiten, wenn Sie die Sicherheit eines Kindes beim Bauen und Spielen gefährdet sehen. Sie werden den Kindern tragen helfen und auch im weiteren Sinne Brücken bauen, wenn sie alleine nicht zurechtkommen. Doch halten Sie sich auf einer Bewegungsbaustelle bitte eher etwas zurück und mischen sich nur wenig ein! Dann erfahren auch kleine Kinder schon bald, was ihnen selbst an Bauvorhaben und an Bewegungseinfällen möglich ist. Je selbstständiger ein Kind in seinen Umsetzungen wird, desto selbstbewusster wird es an neue Aufgaben herangehen. Und: Es braucht vor allem unsere Zuversicht, dass es schon zurechtkommen wird. Dann entwickelt es diese selbst leichter.

Wichtig ist auch ein Stoppritual, ein spezielles Signal und eine darauf abgestimmte Reaktion der Kinder auf dieses. Es könnte ein bestimmter Zuruf sein, der die Kinder stoppen und verharren lässt, wenn sie sich einmal in eine gefährliche Situation begeben, z.B.: »Stopp, Pia, nicht bewegen!« Üben Sie die Reaktion auf einen solchen Stoppruf doch mal als Aufwärm-Spiel, wenn alle auf der Wiese durcheinander laufen.

Ruhesignale wie der beliebte Ruf »1, 2, 3, Ruhe!« benötigen Sie für die Kindergruppe, wenn Sie allen etwas sagen möchten. Bei älteren Kindern könnten Sie an Stelle eines solchen Kommandos mit einer Handtrommel einen immer wieder gleichen, klaren Rhythmus klopfen.

Regelmäßige Bewegungsdemonstrationen der Kinder sind ein schönes Ritual für große wie kleine Gruppen! Die Kinder könnten im Laufe der Spielzeit einzeln an ihren Stationen Bewegungsideen vorzeigen. Oder alle Kinder, die wollen, dürfen zusammen nach einer zuvor benannten Zeit eigene Einfälle demonstrieren: »In 20 Minuten könnt ihr eure Bewegungsideen vorführen! Jeder eine Idee!« So haben anschließend alle Kinder sehr viele Bewegungsbeispiele vor Augen. Sie werden sie hoch motiviert ausprobieren!

Wacklige Rundhölzer

Material: 7–10 lange Pfähle, Wand- oder Wasserfarbe, Pinsel
Spieleralter: 2–6 Jahre
Spieleranzahl: 2–viele

Die Kinder legen die zuvor bunt bemalten Rundhölzer mit etwa 30 cm Abstand hintereinander, so dass sie mit großen Schritten über diese gehen können. Zuerst schreiten sie sie an der Hand eines Helfers ab. Sie merken schnell, wie behutsam sie Schritt für Schritt auf die wackligen Hölzer setzen müssen, damit diese nicht wegrollen.

Stabil oder instabil?

Material: Pfähle, kurzes Brett, Backsteine
Spieleralter: 2–6 Jahre
Spieleranzahl: 2–viele

Wie unterschiedlich lassen sich Steine, runde Pfähle und ein Brett zusammenbauen? Die Kinder kommen in der Kleingruppe auf unterschiedlichste Bau- und Bewegungsideen. Wann ist ein Aufbau stabil? Wie lassen sich die Steine rollend über die Pfähle transportieren?

Wurfstationen

Material: Großer Karton, Plastikflaschen, Becher, Tennisbälle
Spieleralter: 2–6 Jahre
Spieleranzahl: 2–viele

Der Karton kann auf zwei Stühle gestellt werden. Oben auf stapeln die Kinder »Türme« aus Plastikflaschen und -bechern, die sie anschließend mit Tennis- oder Igelbällen bewerfen. Der Wurfabstand variiert je nach Alter und Wurffertigkeit der Kinder. Testen Sie sie aus. Die Kinder sollten sich schon bemühen müssen, um die Türme zu treffen. Ansonsten sind sie eben mehr mit dem Aufbauen als mit dem Werfen beschäftigt.

Schräge Rollbahnen

Material: Langer, schmaler Karton oder breites Brett, Bälle, Papprollen
Spieleralter: 2–6 Jahre
Spieleranzahl: 2–viele

Einseitig auf einen Stuhl gelegt bietet sich ein schmaler Karton als Rollbahn für Papprollen und Bälle unterschiedlicher Größe an. Welche runden Spielsachen rollen am weitesten über den Boden weiter? Welche rollen in gerader Linie voran, so dass die Kinder mit ihnen ein Zielobjekt, z.B. einen Teddybären, anstupsen? Wie kraftvoll müssen sie die Bälle dazu anschieben? Gelingt es ihnen auch mit der anderen, ungeübten Hand?

Großbaustellen

Material: Bretter, Autoreifen, Latten, Rundhölzer, Seile, Kissen u.a.
Spieleralter: 2–6 Jahre
Spieleranzahl: 3–viele

Alle verfügbaren Hölzer und Baumaterialien werden nach den Ideen der Kinder in einen weiträumigen, rechteckigen Geschicklichkeitsparcours zusammengebaut. Jede Seite, jede Ecke des Rechtecks gestalten sie mit anderen Materialien und damit für unterschiedliche Bewegungsaufgaben. In der Mitte können sie quer verlaufende Wege bauen oder eine Sackgasse, die zu Kissen oder einem Reifenturm für Ruhepausen führt. Auf dieser Großbaustelle können sich bis zu zehn Kinder gleichzeitig bewegen. Bevor immer wieder aufwändig umgebaut wird, sollten die Bewegungsideen einzelner Kinder von allen einmal ausprobiert werden. So zeigen sie einander Anerkennung für die gegenseitigen Vorschläge und zugleich vielfältige Bewegungsmöglichkeiten, auf die sie von alleine nicht kommen würden.

Buden bauen

Material: Lange Rundhölzer, Hammer, Tücher, Seile, Klammern, Decke
Spieleralter: 2–6 Jahre
Spieleranzahl: 1–viele

Vier bis acht lange Rundhölzer werden von einem Erwachsenen als Grundriss der Bude im Abstand von 1–2 Metern in den Boden geklopft. Außerdem könnten Sie über die Hölzer lange Tücher mit Wäscheklammern feststecken. Danach bleibt die Ausgestaltung und Einrichtung der Bude den Kindern überlassen. Sie können alle Materialien der Bewegungsbaustelle nutzen, z.B. für eine »Küche« oder ein »Wohnzimmer«.

Über die Zahlenreihe

Material: Langes Brett, Zahlenhindernisse aus Pappe, Plastikteller, Ballons
Spieleralter: 2–6 Jahre
Spieleranzahl: 1–viele

Die Kinder transportieren einen mit wenig Wasser gefüllten Luftballon auf ihrem Plastikteller über ein langes
Brett. Dabei überschreiten sie vorsichtig Zahlenhindernisse: zehn Pappschachteln mit groß aufgemalten Zahlen von 1–10. Anfangs stehen diese Zahlen in natür-
licher Zahlenfolge. Die Kinder benennen die Zahl, bei
der ihnen der Ballon herunterfällt. Später zählen sie laut
die Zahlen mit, die sie gerade überschreiten. Am Ende
werden die Zahlen für die Vier- und Fünfjährigen in ge-
mischter Reihenfolge angeordnet. Beim Balancieren
des Ballons auf dem Teller über das Brett benennen sie
nun eine jede Zahl, bevor sie diese überschreiten.

Hinderniswerfen

Material: Leichtes Tuch oder Holzreifen an einer Wäscheleine, Ballons, Stuhl
Spieleralter: 2–6 Jahre
Spieleranzahl: 1–viele

Unterschiedlich stark mit Wasser gefüllte Ballons werden von den Kindern im Stehen auf einem Stuhl beidhändig nach vorne geschleudert. Ziel der Würfe ist die
Mitte des an einer Wäscheleine herabhängenden Tuches oder Reifens. Das Werfen unterschiedlich schwerer und großer Ballons motiviert die Kinder, es lange zu
wiederholen.

Warme Sommertage bieten schöne Gelegenheiten für Fußspiele auf der Wiese und im Sand. Doch ziehen sich Kinder im Winter auch in Räumen gerne ihre Schuhe und Socken aus, um mit nackten Füßen zu toben, zu turnen und geschickt zu spielen. Sie können mit den Sohlen über Materialien streichen, sie reiben, klopfen und anklatschen. Sie vermögen mit den Zehen Spielobjekte zu greifen, zu ertasten, anzustupsen und wegzustoßen. Das gelingt kleinen Kindern beinahe so gut wie mit den Händen!

Je öfter und je vielseitiger die Füße bewegt werden, umso gesünder wachsen sie heran. Bewegliche, kraftvolle Füße mit guten Fußgewölben setzen ein jahrelanges, vielseitiges Bewegungstraining voraus. Mit ihren nackten Füßen spielend verhelfen sich Kinder gerne selbst dazu. Nur brauchen sie Gelegenheiten und vielleicht ein paar Anregungen. Die folgenden Bewegungsspiele kräftigen die Muskulatur der Fußsohlen, Sprunggelenke, Schienbeine, Waden und Beine. Die Fuß- und Zehengelenke werden beweglicher und einsatzfähiger. Das beugt Fußschäden vor und wirkt den bei vielen Kleinkindern bereits vorhandenen Fußschwächen entgegen.

Mit Federn streicheln

Material: Federn
Spieleralter: 2–6 Jahre
Spieleranzahl: 2–viele

Sich selbst oder einander gegenseitig die Füße und Unterschenkel mit Federn streicheln ist ein herrlicher Genuss und fördert das Bewusstsein für die Form und Anordnung der unteren Gliedmaßen.

Nackte Zappelmänner

Ohne Material
Spieleralter: 2–6 Jahre
Spieleranzahl: 2–viele

Mit einem Kind im Sitzen »nackte Zappelmänner« spielen und die Fuß- und Unterschenkelmuskeln trainieren, das tut den kleinen wie den großen Füßen gut. Zuerst zeigen die größeren den kleineren Bewegungen zum Nachmachen vor. Beugen und strecken Sie die Füße fest im Sprunggelenk und später auch in beliebiger Reihenfolge dazu in den Zehengelenken.

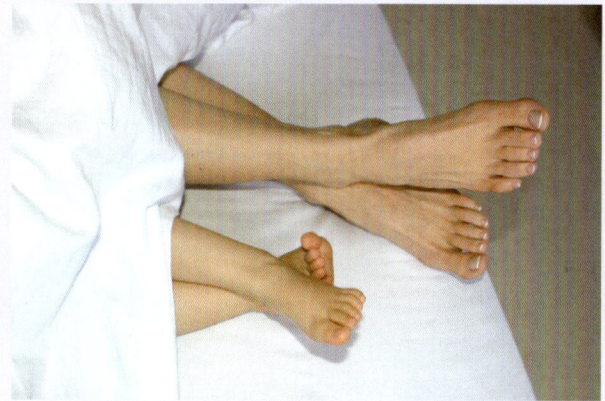

Turm aus Füßen

Ohne Material
Spieleralter: 2–6 Jahre
Spieleranzahl: 2–viele

Füße auftürmen macht Spaß! Sie sitzen neben dem Kind und legen einander die Unterschenkel übereinander. Wer die Füße zuunterst hat, zieht erst seinen rechten, dann linken Unterschenkel mit gestreckten Sprung- und Zehengelenken hervor, legt ihn oben auf.

Auf Bällen stehen

Material: 2 Tennisbälle oder Spielbälle
Spieleralter: 2–6 Jahre
Spieleranzahl: 1–viele

Auf zwei Bällen können Kinder nur mit Halt an einer Hand stehen. Nutzen sie mittelgroße Spielbälle, so sollten diese zudem von zwei knienden Kindern festgehalten werden. Strecken sie sich hoch, balancieren oben auf, dann fühlen sie sich sooo groß und sooo stark.

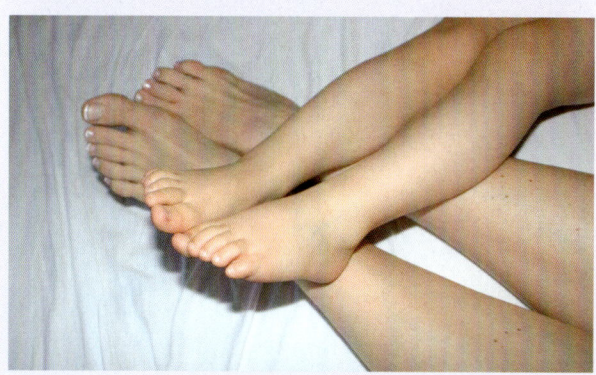

Ball voranstupsen

Material: Pro Kind 1 mittelgroßer Ball
Spieleralter: 2–6 Jahre
Spieleranzahl: 1–viele

Die Kinder stupsen ihren Ball entlang einer Schatten-
linie oder entlang einer langen Schnur. Sie versuchen
es zuerst mit der Fußinnenseite, dann aufmerksam mit
dem vorderen Fußballen, der nur treffen kann, wenn
man dabei die Zehen hochzieht. Es kostet die Kinder
etwas Geschick, den Krafteinsatz und die Stoßrichtung
zu kontrollieren.

Zwei gegen zwei

Material: Viele Bälle, groß und klein, 2 Seile
Spieleralter: 2–6 Jahre
Spieleranzahl: 4 oder 6

Die beiden Seile werden zu einem großen Bodenkreis
zusammengelegt, darin befinden sich zu Beginn des
Spiels alle Bälle und zwei Spieler. Diese versuchen nun
eine Minute lang alle Bälle nach außen zu stupsen und
zu kicken. Die beiden außen stehenden Kinder beför-
dern die Bälle mit Händen und Füßen schnell wieder in
den Kreis zurück. Nach einem Stoppruf werden die
Bälle im Kreis gezählt und die Rollen für die Wiederholung getauscht. Welches Spielerpaar hat am Ende nach
der Minute mehr Bälle in den Kreis zurückbefördert?

Tücher in den Eimer

Material: Pro Kind 1 Eimer und 3 Tücher oder Servietten
Spieleralter: 2–6 Jahre
Spieleranzahl: 2–viele

Kinder lieben es, mit nackten Füßen weiche Stoffe zu
berühren, sie mit den Zehen zu ergreifen und sich mit
ihnen die Unterschenkel zu reiben. Anschließend können sie mit einem Partner um die Wette jeweils drei Tücher in einen Eimer verstauen. Dazu sitzen sie neben
ihrem noch leeren Eimer und legen drei Tücher geknüllt

Mit Igelbällen können Kinder im Sitzen entspannt über ihre Waden, Sohlen und Schienbeine rollen und sanft massieren. Dazu stellen sie die Füße im Sitzen geöffnet auf den Boden und kreisen die Igelbälle an mehreren Stellen. Oder sie legen sich einen Fuß über das Knie der anderen Seite und rollen über die Sohle.

Einen Pfad abschreiten

Material: 10–16 Plastikschalen
Spieleralter: 2–6 Jahre
Spieleranzahl: 1–viele

Der Pfad über die Wiese wird mit vielen stabilen Plastikschalen gelegt, am besten zweireihig etwas versetzt mit hüftbreitem Abstand zueinander, eben entsprechend dem natürlichen Schrittmuster kleiner Kinder. Sie gehen die Strecke langsam alleine oder an der Hand eines Partners voran.

nebeneinander. Sie stützen sich rücklings ab und beginnen auf unser Startzeichen, sich die Stoffe mit den Zehen zu krallen, sie anzuheben und in den Eimer zu stopfen.

Unterschenkel massieren

Material: Pro Kind 1 Igelball oder Tennisball
Spieleralter: 2–6 Jahre
Spieleranzahl: 1–viele

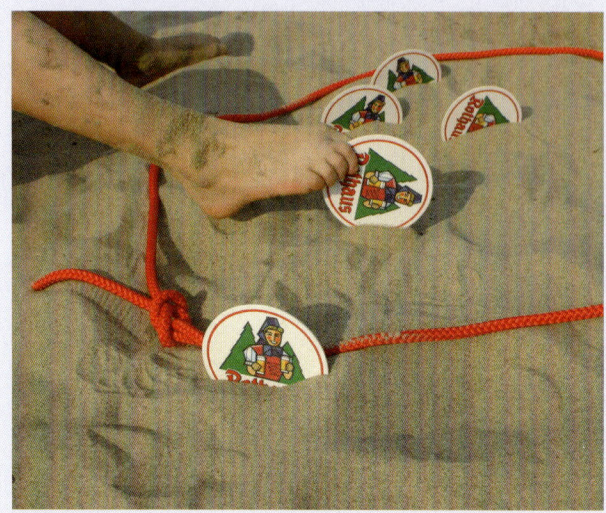

Wäscheklammern sortieren

Material: 2 Seile, viele Wäscheklammern
Spieleralter: 3–6 Jahre
Spieleranzahl: 2–viele

Ein Spiel für Sandboden oder weiche Erde: Mit den Seilen werden nebeneinander zwei Kreise gelegt. In diese stecken die Kinder die Wäscheklammern mit den Händen senkrecht und gut verteilt. Dann setzen sie sich einander zugewandt zwischen die beiden Kreise, dass sie mit den Füßen alle Klammern erreichen können. Auf ein Startkommando ergreift das eine Kind eine Minute lang die Klammern nur mit den Zehen oder mit beiden Fußsohlen aus dem rechten Kreis und lässt sie im linken fallen. Das andere Kind macht dies zeitgleich vom linken in den rechten Kreis. Dann wird gezählt.

Füße beugen und spreizen

Ohne Material
Spieleralter: 3–6 Jahre
Spieleranzahl: 1–viele

Im Stehen die Zehen für 10 Sekunden hochziehen und spreizen, das kräftigt die Vorderseite der Unterschenkel und den Fußrücken. Gut wäre es, die Übung im Wechsel mit der folgenden zu wiederholen.

Bierdeckel in Sand stecken

Material: 1 Seil, viele Bierdeckel
Spieleralter: 4–6 Jahre
Spieleranzahl: 1–viele

Das Seil wird wieder zu einem Bodenkreis geformt. Daneben steckt das Kind mit den Fingern eine beliebige Anzahl an Bierdeckeln senkrecht in den Sand. Diese gilt es nun im Sitzen mit den Zehen zu ergreifen und im Kreis in den Sand zu stecken. Geübte Kinder lassen gerne die Zeit messen, die sie für sechs oder zehn Bierdeckel benötigen.

Im Hochzehenstand balancieren

Ohne Material
Spieleralter: 3–6 Jahre
Spieleranzahl: 1–viele

Die Kinder strecken ihren Körper im Stehen hoch zum Himmel, den Kopf, die Brust, den Po und die Beine. Sie schwanken leicht vor und heben die Fersen weit hoch in den Hochzehenstand. Entweder sie wiederholen dies öfters für drei Sekunden oder sie balancieren dort einmal sechs bis zehn Sekunden. Trainiert Fußsohlen- und Wadenmuskeln, die für gesunde Fußgewölbe wichtig sind.

Bierdeckel und kleine mit getrockneten Hülsenfrüchten gefüllte Stoffsäckchen sind leicht in größerer Anzahl zu organisieren und für Kindergartenkinder herrlich vielseitige Spielobjekte. Sie bieten sich gerade für Bewegungsstunden mit größeren Kindergruppen an. Die möglichen Bewegungsformen sind gute Beispiele für die koordinativen Grundfähigkeiten, in denen sich die Kinder steigern können. Beobachten wir die Kinder: Es wird deutlich zu sehen sein, wie weit die folgenden fünf Grundfähigkeiten in einem Bewegungsablauf entwickelt sind.

Fünf Grundfähigkeiten der Koordination

Die *Differenzierungsfähigkeit* bestimmt den Grad der Bewegungsgenauigkeit. Die *Gleichgewichtsfähigkeit* hält den Körper in der Balance gegen die Schwerkraft aufrecht. Dies sollte mit möglichst wenig Kraftaufwand in feinen, ausgleichenden Bewegungen möglich sein. Die *Rhythmusfähigkeit* lässt Kinder sich klarer strukturiert fortbewegen und einen eigenen harmonischen Rhythmus im Bewegungsablauf finden. Durch deren Förderung werden sie schon bald besser rhythmisch klatschen, gehen, hüpfen, federn, springen und galoppieren. Die *Orientierungsfähigkeit* entscheidet, wie gut sich ein Kind bewusst im Raum bewegt. Die *Reaktionsfähigkeit* ermöglicht auf optische, taktile und akustische Reize möglichst schnell zu reagieren.

Spiele mit Stoffsäckchen

Schulter- und Fußtransport

Material: 2 Säckchen pro Kind, Seil
Spieleralter: 2–6 Jahre
Spieleranzahl: 2–viele

Auf den Schultern transportieren die Kinder gerne zwei Säckchen auf einmal. Hier liegen sie stabil auf. Auf den Fußrücken wird die Aufgabe schon schwieriger. Die Zehen müssen nach oben angezogen werden, damit im Gehen nichts herunterrutscht. Schreiten die Kinder nebeneinander um die Wette voran, so benötigen sie eine etwa fünf bis zehn Meter entfernte Ziellinie. Die Gleichgewichts- und Differenzierungsfähigkeit entscheiden hier über den Erfolg der Kinder.

tene Reifen zu werfen. Hierbei ist gut zu sehen, wie differenziert die Augen-Handkoordination in der Wurfbewegung eines jeden Kindes ist.

Weiterreichende Füße

Material: 1 Säckchen
Spieleralter: 3–6 Jahre
Spieleranzahl: 4–viele

Die Kinder setzen sich eng in einen Kreis und stützen sich hinten mit den Händen ab, so dass sie die Füße frei bewegen können. Zwischen beide Fußsohlen geklemmt geben sie ein größeres Säckchen im Uhrzeigersinn zum nächsten Nachbarn weiter. Das stärkt die Rechts-Links-Koordination und die Orientierungsfähigkeit. Es kräftigt außerdem die Bauchmuskeln.

Räumliches Kommandospiel

Material: 1 Säckchen pro Kind, Kiste
Spieleralter: 2–6 Jahre
Spieleranzahl: 2–viele

Dieses Gewandtheitsspiel fordert die Orientierungsfähigkeit und Reaktionsschnelligkeit der Kinder, da sie ihre Säckchen auf Kommando schnellstmöglich mit nur den Füßen an verschiedene Stellen legen müssen: »Säckchen auf die Kiste! Säckchen hinter den Po ablegen! In die Luft hochheben!«

Durch den Tunnel werfen

Material: 2 Holzreifen, 1 Säckchen pro Kind
Spieleralter: 2–6 Jahre
Spieleranzahl: 2–viele

Es gilt das Säckchen von der Bodenmarkierung aus durch zwei etwa einen Meter auseinander hoch gehal-

Spiele mit Bierdeckeln

Sieben auf einen Streich

Material: 4–8 Bierdeckel pro Kind
Spieleralter: 2–6 Jahre
Spieleranzahl: 1–viele

Wie viele Bierdeckel kann ein Kind sich oder seinem
Partner auf einen ausgestreckten Unter- und Oberarm
legen? Kann man sie dann im Gehen zu ruhiger Musik
durch den Raum tragen, ohne dass sie runterfallen?
Fördert die Differenzierungs- und die Balancefähigkeit
im Gehen.

Im Slalom Bälle kreisen

Material: Zweimal 10 Bierdeckel im Kreis, 2 Bälle
Spieleralter: 2–6 Jahre
Spieleranzahl: 2–viele

Immer zwei Kinder umkreisen mit ihrem Ball im Slalom
je einen der beiden mit Bierdeckeln ausgelegten Kreise
(1,5 m Durchmesser). Tun sie dies später gerne
schneller um die Wette, so überblickt ein Spielleiter den
Wettbewerb zwischen den beiden. Nun zeigt sich eine
gute räumliche Orientierungsfähigkeit und Körperge-
wandtheit.

Rücklings krabbeln

Material: 20 Bierdeckel
Spieleralter: 4–6 Jahre
Spieleranzahl: 2–viele

Rücklings auf die Hände und Füße gestützt krabbeln
die Kinder mit den Füßen voraus, später mit dem Kopf
voraus über die Reihe der Bierdeckel. Sie müssen dabei jeden Deckel mindestens einmal berührt haben. Ein
Spielpartner kontrolliert dies jeweils in seiner eigenen
Bewegungspause. Die Kinder benötigen ein gutes
Raumgefühl, da sie die Lage mancher der Deckel nur
erahnen und mit Händen und Füßen spüren können.

Wie viele passen oben auf?

Material: 15 Bierdeckel
Spieleralter: 2–6 Jahre
Spieleranzahl: 2–viele

Wie viele Bierdeckel kann ein Kind zugleich auf seinem Bauch oder seinem Rücken krabbelnd transportieren? Wie viele liegen von den zu Beginn aufgelegten Deckeln nach einer Strecke von vier Metern noch auf dem Körper? Dies fördert den taktilen Sinn, das Zählen, die Gleichgewichts- und die Reaktionsfähigkeit.

Winzige Bauwerke

Material: 20 Bierdeckel, kleine Papprollen,
2 Plastikschalen
Spieleralter: 2–6 Jahre
Spieleranzahl: 1–viele

Ein Dach aus schräg stehenden Bierdeckeln stützen Fünfjährige besser seitlich mit zwei Plastikschalen ab. Dann haben die feinfühligen, geschickten Hände eine Chance, mehrere Ebenen zu bauen.

Turmbauten hingegen gelingen leichter, wenn einzelne Bierdeckel im Wechsel mit leeren Klopapierrollen gestapelt werden.

Tanzbewegungen mit Bierdeckeln

Material: 2 Bierdeckel pro Kind, Musik vom Band
Spieleralter: 2–6 Jahre
Spieleranzahl: 2–viele

Jedes Kind erhält im Gruppenkreis zwei Bierdeckel. Zu schwungvoller Musik ahmen die Kinder gerne erst ein paar Tanzideen mit Deckeln von uns nach. Dann sind sie leichter zu motivieren, eigene Bewegungsideen zur Musik auszuprobieren. Diese dürfen sie später vorzeigen, so dass alle gemeinsam viele Einfälle wiederholen. Welche koordinativen Stärken oder auch Schwächen zeigt ein Kind uns Beobachtern, wenn es sich so frei und vielseitig bewegen kann?

*Bewegungsspiele im Freien sind auch bei Nässe reizvoll! Plastikspielsachen, Becher, Küchen-
schwämme, Bälle und große Reifen laden zu Spielstationen und Bewegungsexperimenten ein.
Hier können sich die Kinder austoben, ihre koordinativen Fähigkeiten im ausschreitenden
Gehen, im Laufen und Springen weiter verbessern. Sie werden beim Spielen und Bauen mit
Plastikutensilien, Bällen und Seilen mehr Fingergeschicklichkeit entwickeln. »Es regnet nicht
mehr!« – Nun aber raus aus den Zimmern! Warm und regenfest angezogen stürmen die Kinder
los, denn die Pfützenlandschaft kurz nach einem Schauer bringt besonderen Spaß.*

Ein Reim zum Einstimmen in die Spielzeit:

> *»Plitsch, platsch, Regenpfützenspaß,*
> *plitsch, platsch, alles ist so nass!«*

Parcours mit Reifen

Material: 5–8 große Plastikreifen
Spieleralter: 2–6 Jahre
Spieleranzahl: 2–viele

Die Kinder legen die Reifen in einer Schlangenlinie über
oder neben die Pfützen. Sie gestalten die Abstände
zwischen den Reifen nach Belieben und verändern

diese je nach ihren spontanen Bewegungsideen. Nun
können sie um die Reifen laufen und hüpfen, über sie
schreiten und springen.

Auf Stelzen schreiten

Material: 5–8 große Plastikreifen, Stelzen oder Laufrad
Spieleralter: 3–6 Jahre
Spieleranzahl: 2–viele

Ein Reifenparcours auf rauem Asphalt oder Gras ist
auch für kleine Stelzengänger reizvoll. Auch für Lauf-,
Zwei- und Dreiräder geben die großen Reifen für ein
Fahrtraining perfekte Kurven vor.

Zielwerfen durch den Tunnel

Material: 4–6 Reifen, Schwämme, Tennis-, Igelbälle
Spieleralter: 2–6 Jahre
Spieleranzahl: 1–viele

Schwämme, Tennis- und Igelbälle sind auch im nassen Zustand beliebte Wurfobjekte. Die Erwachsenen und größeren Kinder können möglichst viele Reifen zu einem Wurftunnel hintereinanderhalten. Wer kann seinen Ball durch alle Reifen werfen?

Schaufensterpuppe

Material: 5–8 große Reifen
Spieleralter: 3–6 Jahre
Spieleranzahl: 2–viele

Ein Kind stellt sich als Schaufensterpuppe in eine Körperposition mit erhobenen Armen. Die anderen dürfen möglichst viele Reifen über seine Hände, Arme und Schultern hängen.

Reifen andrehen und stoppen

Material: 1 Plastikreifen pro Kind
Spieleralter: 3–6 Jahre
Spieleranzahl: 1–viele

Drehen wir kleinen Kindern Reifen auf der Stelle rotierend an, so stoppen sie sie gerne mit mutig zugreifenden Händen. Schon bald gelingt ihnen das Andrehen selber.

Rückwärts schreiten

Material: Plastikbecher, -schalen oder Slalomhütchen
Spieleralter: 2–6 Jahre
Spieleranzahl: 1–viele

Rückwärtsgehen und dabei keine Becher umstoßen fällt kleinen Kindern schwer, doch ist dies eine prima Übung für die Koordination, Balance und Konzentration. Wer sicher rückwärtsgehen kann, tut sich auch leichter, sich gedanklich zurückzubewegen, z.B. beim Rückwärtszählen.

In der Luft kreisen

Material: 1 Reifen pro Kind oder Kinderpaar
Spieleralter: 3–6 Jahre
Spieleranzahl: 1–viele

Die Kinder schwingen die Reifen gerne um ihren Körper und lassen sie hoch über dem Kopf wie den Propeller eines Hubschraubers kreisen. Fragen wir nach: »Wie könnt ihr den Propeller an der Seite oder vor dem Bauch kreisen lassen?«, so finden sie schnell viele Möglichkeiten, die sie einander vorführen könnten.

An der Hand balancieren

Material: Plastikbecher, -schalen
Spieleralter: 2–6 Jahre
Spieleranzahl: 1–viele

Auf zwei Bechern stehen und balancieren! Oder über eine eng stehende Reihe Becher an der Hand gehen! Das sind wacklige Vergnügen ohne Risiko, selbst wenn einmal ein Becher umfallen sollte.

Wasserlandschaften

Material: Schwämme, Bierdeckel, Becher, Bälle, Figuren
Spieleralter: 2–6 Jahre
Spieleranzahl: 1–viele

Mit Plastikbechern, Bierdeckeln und kleinen Haushaltsschwämmen gestalten Kinder ideenreiche Wasserlandschaften oder Häuser und Häfen mit Leuchttürmen.

Es gibt inzwischen viele motorische Entwicklungstabellen zur durchschnittlich üblichen Kindes-entwicklung, die sich in ihren Schwerpunkten und in ihren Anforderungen oft voneinander unterscheiden. In einem Punkt sind sie alle sehr sinnvoll. Sie bringen uns Pädagogen und Eltern auf immer wieder neue Bewegungsspiele oder erinnern uns daran, was wir Kindern schon lange nicht mehr zu spielen vorgeschlagen haben. Die Bewegungsideen dieser Testaufgaben könnten Sie mit Kindern für eine fröhliche Bewegungsstunde nutzen. »Getestet werden« bedeutet immer Stress! Doch bei einem Bewegungsparcours über die Wiese an vielen kleinen Bewegungs-stationen zu spielen und zu springen, das macht allen Kindern Spaß.

Was sollten Fünfjährige koordinativ können? Eine fachlich fundierte Antwort auf diese Frage und eine in ihren Ansprüchen sehr realistische Auflistung von koordinativen Fähigkeiten beschreibt Helga Sinnhuber, Heilpädagogin, in Anlehnung an das Entwicklungsgitter von Ernst J. Kiphard, Professor für Motopädagogik und Vordenker der Psychomotorik, zur Überprüfung der Sinnes- und Bewegungsfunktionen kleiner Kinder. Sie unterteilen die Entwicklungsbereiche in die folgenden Funktionen: die akustische und optische Wahrnehmung, die Handmotorik, die gesamte Körpermotorik und die Sprache. Es folgen nun einige Bewegungsaufgaben zur Körperkontrolle, die bei Vier- und Fünfjährigen sinnvoll und sehr beliebt sind. Sie orientieren sich an Testaufgaben zur Körperkontrolle aus Helga Sinnhubers Ratgeber *Sensomotorische Förderdiagnostik* (siehe Literatur am Ende des Buches). Sie benötigen für die Bewegungsspiele nur ein Seil, eine Matte und eine Teppichfliese (50 cm).

Beidbeinige Weitesprünge

Beidbeinige Weitesprünge aus dem Stand über 50 cm, z.B. über Teppichfliesen, die auf der Wiese nicht wegrutschen können, fallen 4,5-Jährigen leicht.

Seitpringen über das Seil

Fünf Sprünge sollten Kinder mit 4,5 Jahren und 10 Sprünge mit 5 Jahren beidbeinig seitlich über eine Linie springen können.

30-Meter-Lauf

30 Meter in 15 Sekunden ist eine gute Zeitvorgabe, in der 4,5-Jährige am Ziel ankommen sollten. Wichtig ist es auch, dass die Kinder immer geradliniger laufen können.

Geschicktes Aufstehen

Fünfjährige sollten aus der Rückenlage ohne Hilfe der Hände geschickt aufstehen können. Die Spielregel, die Hände nicht nutzen zu dürfen, reizt sie sehr und erfordert eine gute Ganzkörperspannung.

Storchenstand

Mindestens fünf Sekunden wie ein Storch auf einem Bein stehen, das ist auch für Fünfjährige nicht leicht. Doch kann man diese Balancefähigkeit gut spielerisch üben: erst in Ruhe auf einem glatten Untergrund, später auch im Laufen als Stoppspiel mit anschließendem Verharren auf Zuruf mit abwechselnden Standbeinen.

Einbeiniges Springen

Fünfjährige sollten zwei- bis fünfmal auf einem Bein niedrig springen können. Zählen Sie gemeinsam, das motiviert die Kleinen.

Ein Test ist nicht wirklich aussagekräftig, Beobachtungen beim Spielen und Sichbewegen schon eher! Möchten wir die gesunde motorische Entwicklung eines Kindes im Auge behalten, dann ist es doch aussagekräftiger, wie gut es seinen Körper für sein Spielen und Erforschen der Umwelt insgesamt einsetzen kann.

Wir sollten die Leistung eines Kindes in einer Bewegungsaufgabe nie überbewerten. Dennoch kann durch genaues Hinsehen auffallen, dass ein Kind z.B. sein linkes Bein weniger und recht kraftlos einsetzt, dass ein Kind bei Ballspielen oder Gruppenspielen oft spät reagiert. Dann gilt es diese motorischen Fähigkeiten durch viel Abwechslung und Spaß erst recht anzusprechen. Nutzen Sie ruhig die Bewegungsaufgaben aus motorischen Registern zur durchschnittlich üblichen Kindesentwicklung, aber ohne sie als Tests durchzuführen! Es sind Spielideen, die den Lebensalltag wie auch Bewegungsstunden mit Kindern bereichern können. Viele weitere Anregungen zur speziellen Koordinationsförderung finden Sie im 4. Praxiskapitel ab Seite 107.

Sprache und Gefühle

Kinder brauchen möglichst früh gute Sprachfähigkeiten, um sich verständlich auszudrücken, um rege miteinander zu kommunizieren und Wissen zu erlangen. Man unterscheidet die verbalen und die nonverbalen Ausdrucksmöglichkeiten eines Kindes. Beide wirken in der Kindern natürlichen ganzkörperlichen Ausdrucksweise zusammen. Sprache und Gestik sind immer eine geistig reflektierte Fortsetzung von reellen Handlungen. Ein Kind berichtet im Rückblick gerade von solchen Erlebnissen besonders bewegungsintensiv »mit Worten, Händen und Füßen«, bei dem es sich viel bewegt und den Körper stark gespürt hat.

Die Bewegungsfähigkeiten und die Sprachfähigkeiten eines Kindes sind zwei Kompetenzbereiche, die miteinander und auch durch einander reifen. Dies geschieht bis zum Ende der Grundschulzeit in steter Wechselwirkung. Sprache und Bewegung unterstützen Eltern und Pädagogen am besten miteinander kombiniert auf spielerische Weise oder in Alltagssituationen, wie z.B. beim Salat schneiden, Zimmer aufräumen, etc. Die Sprache folgt den Bewegungserlebnissen auf Schritt und Tritt: Zuerst bewegen sich die Kinder, probieren etwas, machen Erfahrungen, dann beginnen sie zu formulieren oder sie drücken sich ganzkörperlich aus. Über die Sprache reflektieren sie, was sie tun! Und: Die sprachlichen Rückmeldungen von Spielpartnern und uns Erwachsenen helfen den Kindern, ihre Erfahrungen realistisch einzuordnen und im Gedächtnis zu speichern.

Wenn wir uns anderen Menschen gegenüber ausdrücken, dann geht es neben dem eigentlichen Sachinhalt immer auch um die Art unserer Beziehung zum Gesprächspartner. Wir offenbaren uns einerseits und zeigen doch immer auch einen gewissen Willen, den Gesprächspartner zu etwas bewegen zu wollen. So drückt man beim Sprechen über Sachverhalte oder Erfahrungen immer auch einen oft bedeutsameren wahren Grund aus, dies zu tun, einen, der mit der gemeinsamen Beziehung zu tun hat. So viel Zuwendung für einen Gesprächspartner bedarf nicht nur vieler Fähigkei-

ten, sondern vor allem auch Mut und Selbstvertrauen! Dies alles müssen Kinder lernen. Es ist viel und braucht Zeit und Geduld! Daher sind für die Sprachentwicklung kleiner Kinder zum einen bewegende Sprachspielereien zur Entwicklung der Aussprache, des Wortschatzes und Körperausdrucks wichtig. Zum anderen bedürfen Kinder immer wieder Zuspruch, um Gefühle und Bedürfnisse mutig mitzuteilen, sowie eine Förderung der Selbstwahrnehmung und der Fremdwahrnehmung.

Wahrnehmung und Sprachentwicklung

Zunächst muss ein Kind mit möglichst vielen wachen Sinnen altersgemäß wahrnehmen, spüren und empfinden können. Es nimmt nur dann Sinneseindrücke aus dem Körper und aus der Außenwelt recht realistisch auf, wenn es dafür sensibel ist und sie bewusst, z.B. über seine Sprache, reflektiert. Dieses Bewusstsein können Eltern und Erzieher unterstützen, indem sie öfters über sinnliche Erlebnisse sprechen. Durch die zunehmende Differenzierung in den verschiedenen Wahrnehmungsbereichen (siehe 1. Praxiskapitel) bis zum Schuleintritt wird es Kindern möglich, sich auch immer ausgewählter und passender auszutauschen.

Mein Fazit: Erst brauchen Kinder Handlungserfahrungen, dann können sie darüber nachdenken und sprechen!

Damit Kinder ihre Sprachfähigkeiten gut entwickeln können, brauchen sie die ganze Bandbreite der sensorischen, motorischen, kognitiven Fähigkeiten. Eine Förderung der Selbst- und der Fremdwahrnehmung ist auch für die Sprachentwicklung immens wichtig! Kinder müssen in einer Situation erst viel fühlen können, mit mehreren Sinnen spüren, hören, sehen, riechen, dann erst liegen viele Informationen vor, derer sie sich bewusst werden und über die sie sprechen können. Außerdem prägt gerade eine differenzierte Wahrnehmung die Kinder darin, wie sensibel sie über die Erfahrungen sprechen. Ihre Sprache wird »bunter«, offen und vielfältig. Eine gut funktionierende sensorische Integration (Aufnahmen und Verarbeitung aller Sinneseindrücke) ist nicht nur die wichtigste Voraussetzung, damit Kinder vielfältig wahrnehmen und zielgerichtet handeln können. Sie ist auch Voraussetzung, um Sprachfähigkeiten und Fertigkeiten der Mundmotorik störungsfrei zu erwerben.

Unterschiedliche sprachliche Stärken der Kinder

Manche Kinder sprechen von selbst erstaunlich viel, fantasievoll oder mit treffenden Ausdrücken. Sie formulieren klar in der Aussprache und umfangreich im Satzbau. Viele andere nicht! Manche erzählen gerne, was sie beschäftigt, was sie fühlen oder vorhaben. Andere nicht! Entscheidend für die Sprachentwicklung aller Kinder ist, auf welche Weise wir sie sprachlich fördern, ob gar nicht, ob spontan in verschiedenen Situationen, ob anstrengend festgefahren nach vorgegebenen Übungsfolgen, ob in Gesellschaftsspielen, wie bei Logopäden häufig üblich, ob in der Bewegung in Partnerspielen, ob experimentell oder durch Spielregeln vorgegeben. Weil Kinder mit der Sprache über ihre Handlungen reflektieren, wirkt gerade die Art der Sprachförderung wieder ganzheitlich auf das Kind ein, auf sein Denken und Fühlen. Sie kann viel erreichen, bei zu viel Druck oder negativen Erlebnissen aber auch hemmen oder die natürliche Entwicklung, die vom Kind von allein käme, stören.

Tipps zur Sprachförderung

Es ist sinnvoll, wenn Kinder ihre Sprechfähigkeiten durch Sprachspiele, Bewegen und Tanzen zu gesprochenen Texten ausbauen. Parallel dazu sollten sie möglichst viel in freien Spielsituationen, also beim spontanen Kooperieren mit anderen Kindern üben, sich zu verständigen. Beide Herangehensweisen dienen einer abwechslungsreichen Sprachschulung über Jahre hinweg. Alle Spielweisen, in denen Kinder mit Sprache und Kommunikation konfrontiert werden, unterstützen sie darin. Nutzen Sie die enorme Sprechlust der Kinder in Gruppen oder zu zweit und machen ihnen Spaß am Körperausdruck. Dies gelingt spielend leicht mit Reimen, Sprüchen und Liedern! Im Wechsel dazu können die Kinder beim freien, selbst bestimmten Spielen anwenden, was sie sprachlich erlernt haben, und spontan neue Kommunikationsarten ausprobieren.

In vielen Kindergärten ist ein aus der Psychomotorik stammender Ansatz zur Sprachförderung beliebt: Ziel der Psychomotoriker ist es, Kindern anregende Umgebungen anzubieten, in denen sie mit Bewegungen und mit Sprache, der Stimme, Klängen, Rhythmen, Reimen, Liedern regelrecht »spielen«. Alle Gelegenheiten zu kommunizieren und miteinander zu kooperieren sind willkommen und dürfen Zeit benötigen! Es sind bewegende Gemeinschaftserlebnisse, die das Sprechbedürfnis der Kinder wecken und Mitteilungsängste einzelner Kinder abbauen.

Kinder können angeregt werden, über ihre Erfahrungen, Wünsche und Bedürfnisse offen zu sprechen. Auch dabei ahmen sie uns Erwachsene nach und auch andere Kinder, die für sie eine Vorbildfunktion übernehmen! Kinder sollten ausdrücklich Aktivitäten mitplanen, Vorhaben besprechen und Teilbereiche organisieren dürfen.

Das fördert die Kommunikationsfähigkeit eines Kindes:

- Selbstbewusstsein und Selbstwert des Kindes stärken
- Zu regelmäßigen Erfolgserlebnissen verhelfen, zu vielen kleinen im Alltag
- Erwachsene und große Kinder sind die entscheidenden Vorbilder: Langsam und deutlich in einfachen, aber treffenden Sätzen sprechen
- Öfters mal betonte Aufmerksamkeit, ein Lob oder eine positive Rückmeldung geben
- Die Sprech- und Bewegungsmotivation des Kindes anregen
- Bewegende Sprachspiele und freie Sprech- und Bewegungsanlässe im Wechsel
- Ruhe und Geduld, wenn Kinder sprechen oder sich ganzkörperlich darstellen
- Mitteilungsängste lassen sich abbauen, indem alle Spielpartner offenherzig erzählen und nachfragen
- Körpersprachliches Handlungsrepertoire der Stimme, Mimik, Gestik, ganzkörperlichen Selbstdarstellung bewusst nutzen, z.B. in Rollenspielen, beim Tanzen und Theaterspielen, während bewusster Selbstdarstellungen vor Spiegeln oder in Schattenspielen mit einem Partner sowie durch regelmäßige Gruppengespräche
- Nichts langweilig üben, es aber spielerisch wiederholen lassen. Spiele mit Aufforderungscharakter, mit viel Spaß, mit Herausforderungen an das Können der Kinder erleichtern ihnen das Wiederholen. Sie wiederholen verbale und nonverbale Ausdrucksmöglichkeiten genauso gerne wie neue Bewegungsabläufe!
- Die Atmung, die Bewegung und die Sprache sind eine Einheit. Sie beeinflussen einander beim Handeln und Spielen, wie auch in ihrer jahrelangen Entwicklung. Schenken Sie der Atmung beim Sprechen, Ausrufen, Flüstern gemeinsam viel Aufmerksamkeit. Legen Sie dazu ab und an die Hand auf den Brustkorb oder nutzen Sie kraftvolle und sanfte Armbewegungen zur Anschaulichkeit.

Spontane Sprachanlässe und gezielte Sprachspiele

Heute wird in der Sprach- und Bewegungsförderung kleiner Kinder die so genannte »situationsbezogene« Förderung besonders geschätzt. Diese setzt in alltäglichen Lebenssituationen und in sich spontan ergebenden Spielsituationen an. Sie wird somit immer von reellen Handlungen begleitet, in denen Kinder aktiv mit Interesse und Neugier wirken. Die Pädagogen gehen hier von der persönlichen Wahrnehmung und von beliebten Spielformen der betreffenden Kinder aus. Sie sprechen die Kinder mit dieser Sprachförderung insgesamt an, ihren Verstand, ihren Körper, ihre Wünsche, und beziehen auch von ihnen geäußerte Empfindungen und spontane Einfälle mit ein.

Ich meine, dieser Situationsansatz lässt sich ab und an erweitern, indem gezielte Sprachspiele und Sprechanlässe von Erwachsenen eingebracht werden können. Eine von außen angebotene Spielidee oder Partneraufgabe wirkt im richtigen Moment motivierend auf die Kinder. Mein Tipp: Sprachspiele für größere Kindergruppen oder für zwei Spielpartner entweder als spannenden Vorschlag anbringen, bevor diese im freien Spiel versunken sind, gleich zu Beginn der Spielzeit oder wenn sich zwischendurch Langeweile breitmacht. In diesen Momenten sind Kinder leicht für bewegende Sprachspiele und für Kooperationsaufgaben zu gewinnen.

Die situationsbezogene Sprach- und Bewegungsförderung berücksichtigt die individuellen Unterschiede der Kinder im Sprachvermögen, im Selbstbild und in der gesamten Entwicklung des Kindes.

Perfekt sind dafür offene Spielaktivitäten, die die Kinder überwiegend selbst gestalten dürfen, beliebte Spielklassiker oder Bewegungsabfolgen zu Versen, die sie abwandeln dürfen.

Günstige Spielarten für die Sprachförderung

Die folgenden Spielarten können Sie zur Sprachförderung von Kleinkindern bis ins Grundschulalter nutzen. Entweder Sie nehmen einige Spielweisen je nach Vorlieben der Kinder auf. Sie bieten vielseitige Angebote und regen dadurch das Selbstbildungspotenzial der Kinder an. Viele Kinder brauchen dann keine spezielle Sprachförderung! Sie können aber auch gezielt Spielformen auswählen, die die Kinder bislang kaum genutzt haben. Motivieren Sie sie, über neue Spielweisen mehr zu kommunizieren!

Literacy-Erziehung

Verwenden Kinder häufig Sprüche, Verse und Lieder beim Spielen, sehen sie sich gerne Bücher an, hören Erzählungen, so bekommen sie zunehmend mehr Interesse an Sprache und Literatur. All diese Aktivitäten sind Bestandteil der so genannten Literacy-Erziehung, die in den neuen Bildungsplänen für 1- bis 6-Jährige hervorgehoben wird. Die Kinder übernehmen Bestandteile aus dem Sprachgebrauch der Kinderliteratur. Sie entwickeln Neugier und Fantasie beim Hören und Sprechen.

Leider gibt es für »Literacy« keinen treffenden deutschen Begriff. Neben der Grundfertigkeit des Lesens und Schreibens meint er Kompetenzen wie Textverständnis, Abstraktionsfähigkeit, Lesefreude, die Fähigkeit sich schriftlich auszudrücken, Vertrautheit mit Schriftsprache und sogar Medienkompetenz.

Spielarten für bewegte Sprechanlässe

- Freies Spielen, Bauen, Handeln und Sprechen mit Spielpartnern
- Bewegungsspiele zu Versen, Liedern, Geschichten
- Rollenspiele, Pantomime, darstellende Spiele mit Puppen und anderen Objekten
- Tanzen für mehr Spaß am Körperausdruck und für mehr Mut zur Selbstdarstellung
- Rhythmische Spiele mit Körperpercussion, Begleitung durch Schlag- und Klanginstrumente
- Abschließende Besprechungen von Aktivitäten für mehr Sprachverständnis und Wortschatz
- Mundmotorikspiele: extreme Mimik, pusten, Laute rufen, Stift mit Oberlippe halten
- Fröhliche Sprechspiele für die Artikulation mit einfachen Worten und Versen
- Gesellschaftsspiele zur Sprech- und Sprachförderung nutzen

Bewegende Sprachspiele unterstützen die Vielfalt der kindlichen Ausdrucksmöglichkeiten, den Sprachschatz, die Aussprache, rhythmisches, betontes Sprechen, ein erstes Verständnis für den Klang der Stimme und den deutschen Satzbau. Sie fördern die Interaktions- und Kooperationsfähigkeit kleiner Kinder in einzelnen voneinander unabhängigen, aber kombinierbaren Spielen. Die Verse und Lieder regen Kinder zuerst zu vorgegebenen Bewegungen an und später zum Improvisieren mit eigenen Ideen.
Sie gehen schon nach einer Weile erstaunlich kreativ mit den Texten um und erfinden sie neu. Günstig sind kurze, witzige Texte, die Kinder gerne auswendig lernen und beim Spielen vor sich hinsingen oder -sprechen. Probieren Sie die Bewegungsanregungen aus und verändern Sie auch diese nach den Wünschen und spontanen Einfällen der Kinder!

Die folgenden Spiele bieten sich zu zweit oder in der Kindergruppe für drei- bis sechsjährige Kinder an.

Ein Gewitter naht

Ohne Material

> Regen tröpfelt zart herab,
> wird stärker ... und stärker.
> Wind peitscht umher ...
> und wirbelt Blätter durcheinander.
> Donner trommelt laut vom Himmel.

Sprechen Sie mit den Kindern die einzelnen Sätze langsam und bewegen sich dabei Beispiele gebend mit. Sagen Sie ihnen: »Jeder kann sich bei den Sätzen etwas anders bewegen, ganz so wie er will!« Der Regen tröpfelt z.B. von den locker schwingenden Fingerspitzen über dem Kopf und bis zum Boden herab. Mal langsam, mal schneller. Der Wind kann mit gestreckten Handflächen und zu den Seiten schwingenden Unterarmen dargestellt werden. Den Donner geben die Kinder gerne mit stampfenden Füßen, Sprüngen und mit Fauststößen in die Luft wieder.

Wichtige Lippen- und Zungenbewegungen: Beim Grimassenschneiden vor dem Spiegel probieren Kinder gerne viele Mundbewegungen aus. Um später einmal alle Buchstaben und Laute deutlich aussprechen zu können, müssen sie eine Vielfalt an Lippen-, Zungen- und Kieferbewegungen beherrschen. Diese sind für uns selbstverständlich, kleine Kinder müssen sie aber erst kennen lernen, üben und automatisieren. Versuchen Sie sich doch gemeinsam vor dem Spiegel in unterschiedlicher Mimik. Zeigen Sie den Kindern, wie sich die Lippen bewegen und wo die Zunge bei einem Laut ist. Es überfordert sie nicht, sondern verhilft zu mehr Bewusstheit. Kleine Kunststücke mit dem Mund machen den Kindern großen Spaß, z.B. die Lippen zu einem Fischmund schließen, öffnen und schließen, oder mit der Zunge versuchen, die Nasenspitze zu berühren. Kleine Materialien wie Stifte, Zettel, Bierdeckel und Trinkröhrchen machen viele Spiele für die Mundmotorik möglich.

Lustige Lippenbewegungen

Material: 1 Bleistift pro Kind

Einen Bleistift mit nur der Oberlippe festhalten ist gar nicht so leicht. Kindern mit schmalen Lippen oder mit einer Lippenspaltennaht fällt es schwerer. Doch ist dies eine wichtige Übung für die Mundmuskulatur, genauso wie z.B. das Pusten oder Lufteinsaugen mit spitzen Lippen. Rufen Sie gemeinsam mit Fünfjährigen die Laute a, e, i, o, u in einen Spiegel hinein und beobachten gemeinsam die Mundbewegungen – die Öffnung des Mundes schließt sich wie ein Tor immer weiter.

Bäume und Zwischenräume

Ohne Material

Erst sprechen die Kinder mit uns das Gedicht Zeile für Zeile nach. Können sie es aufsagen, so stellen sie in Kleingruppen eng beisammen Bäume dar, die sich mit den Zweigen berühren. Auch der Zwischenräume zwischen den Armen und Beinen sind sie sich wegen des lustigen Reims bewusst.

*Bäume, Bäume, nichts als Bäume
und dazwischen Zwischenräume
und im Hintergrund,
man glaubt es kaum:
noch 'n Baum!*

Krokodil aus Afrika

Ohne Material

Diesen Sprechgesang lernen Kinder leicht miteinander im Kreis sitzend. Sie gestikulieren gerne von Anfang an mit den Händen. Dann stellen sich immer zwei Kinder gegenüber auf, eines als »Krokodil«, eines als »mutiges Kind«.

Bewegungsfolge für 2 Kinder:

1. Kind:

Ja, wer kommt denn da?
Ja, wer kommt denn da?
Das Krokodil aus Afrika!
Sperrt sein Maul weit auf,
sperrt sein Maul weit auf
und sagt: Gleich fresse ich die … auf!

Bewegung dazu:
Auf den Partner zugehen und Unterarme wie ein Maul auf und zu klappen.

2. Kind:

Doch die …, die sagt:
»Nein! Krokodil, lass das sein.
Sonst steck ich dich in 'ne riesengroße Kiste rein.«
Doch die …, die sagt:
»Nein! Krokodil, lass das sein.
Sonst steck ich dich in 'ne riesengroße Kiste rein.«

Bewegung dazu:
Mit erhobenem Zeigefinger schimpfen, beide Hände zeichnen Kiste in der Luft nach.

Wenn die Füße ticken

Ohne Material

Setzen Sie sich mit den Kindern in einen Kreis und zeigen mit den Füßen in die Kreismitte, so können Sie etwas Fußgymnastik und bewusst aufrechtes Sitzen mit dem Singen dieses rhythmischen Liedes kombinieren.

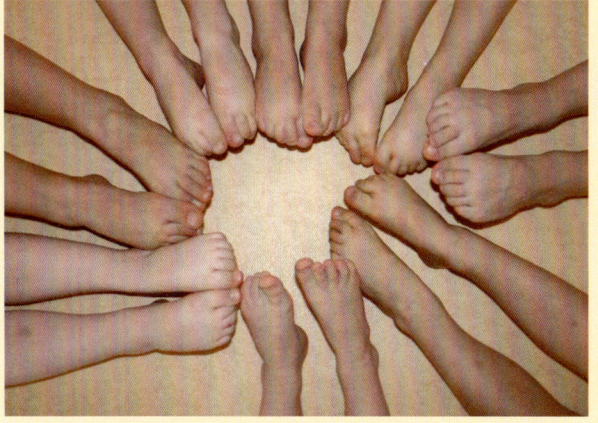

> *Große Uhren gehen Tick – tack – tick – tack,*
> *kleine Uhren gehen Tick tick, tack tack, tick tick,*
> *tack tack!*

Je nach Alter der Kinder sollten Sie die Füße nur gleichzeitig in den Sprung- und Zehengrundgelenken strecken oder beugen (»Große Uhren gehen …«) – oder dies rechts und links nacheinander oder gegengleich tun (»Kleine Uhren gehen …«). Die Kinder überlegen sich gerne eigene Bewegungsreihenfolgen für die Füße.

Rhythmen und rhythmisches Sprechen

Material: Kleine Plastikflaschen, Büroklammern

Kleine Plastikflaschen mit ein paar Büroklammern bestückt ergeben zugleich eine herrliche Rassel und Handtrommel. Am besten halten die Kinder sie dazu am Deckel fest. Sie schütteln sie langsam auf und nieder, schneller zu den Seiten, klopfen mit den Fingerspitzen leicht auf den Flaschenboden oder mit der Handfläche schwungvoll auf die Seite. Beginnen Sie gemeinsam klopfend mit einem langsamen Grundschlag. Spielen Sie dann auf dieser Basis einen kurzen Rhythmus wiederholt vor, damit die Kinder einsteigen können, sobald sie ihn in seiner Struktur erfasst haben. Beliebte einfache Rhythmen sind:

> *»kurz kurz lang/:«*
> *»lang kurz kurz lang/:«*
> *»kurz lang kurz lang/:«*
> *»lang lang kurz kurz/:«*

Sprechen Sie zu den Rhythmen lustige Wörter oder Ausrufe oder die Namen der Kinder, so bleiben die Kinder länger konzentriert und üben rhythmisches Spre-

chen (in der Betonung der Wörter korrektes Sprechen). Die Aussprache wird durch diese Übung deutlicher. Und: Die Kinder können sich über das rhythmische Sprechen besser Verse merken.

Körperpercussion

Material: Kleine Plastikflaschen, Büroklammern

Mit welchen Körperteilen können Kinder mit ihrer Plastikflasche verschiedene Töne und Klänge erzeugen? Beispiele: Sie halten sie mit den Fußsohlen und schütteln sie mit den Beinen. Oder sie klemmen die Flasche mit den Knien fest und springen beidbeinig auf der Stelle. Die Kinder rollen auch gerne mit dem Bauch über größere Flaschen oder klopfen mit ihnen die Arme, Oberschenkel und den Bauch ab. Sprechen Sie dazu einen lustigen Satz, z.B. »Kleine Fische ärgern Krokodile gern« und sprechen ihn rhythmisch so, wie er normalerweise ausgesprochen wird, nur mit einer kurzen Sprachpause vor der Wiederholung; in diesem Fall so betont, dass Sie »ärgern« und »gern« langsam sprechen. Kinder haben Spaß an Körperpercussion mit stimmlicher Begleitung und werden unaufhörlich eigene Sätze vorschlagen. Sind sich die Kinder im Aufsagen eines Spruchs und im rhythmischen Begleiten, z.B. im Klopfen des Metrums, sicher, so bewegen sie sich gerne frei durch den Raum. Vereinbaren Sie ein Stoppsignal, auf das die Kinder in ihrer Bewegung innehalten und verstummen. Sie werden diese Spielregel wegen des Geräuschpegels brauchen!

Wie viele Gefühle es doch gibt! Kinder können sie in Bewegungsstunden alle bewusst erleben und mit ihnen umgehen lernen! Die gefühlsmäßigen Erlebnisse eines Kindes beim Toben, Spielen und Zusammenwirken mit anderen in Bewegungsstunden sind dieselben, mit denen sie im Alltag zurecht kommen müssen. So sind diese Spielzeiten in der Gruppe oder mit einem Partner eine gute Schule für die Selbstwahrnehmung der eigenen Gefühle und den Umgang mit diesen Gefühlen. Im Wechsel dazu erfahren sie, »wie« sich auch die anderen Kinder »wann« fühlen. Denn: In Bewegungsspielen und freien Bewegungsangeboten empfinden die Kinder abwechselnd Freude, Wut, Zaghaftigkeit, Angst, Hemmungen, starken Willen, Hoffnung, Zufriedenheit über Erfolge, Spaß und auch Kummer. Kontrasterlebnisse von Spannung und Langeweile, Mut und Angst, Spaß und Ärger, Sieg und Niederlage, Sicherheit und Risiko sind unersetzbare Erfahrungen! Sie sind nicht immer schön, aber wichtig, denn mit ihnen können Kinder immer besser eigenverantwortlich agieren. Sprechen wir sie in den entsprechenden Momenten darauf an, so erleben sie bewusster, dass es nicht nur schöne Erlebnisse und Gefühle bei gemeinsamen Aktivitäten gibt, dass schwierige Gefühle natürlich sind.

Positive Gefühle helfen beim Lernen

Intensive Gefühle verstärken beim Lernen die Aufmerksamkeit, gute Gefühle fördern die Motivation und unterstützen die Merkfähigkeit! In bewegungsreichen Spielen fühlen die Kinder besonders intensiv mit: Lust, Spaß, Neugier, Frust, Ärger, Hoffnung, Zuversicht, Freude, Zufriedenheit und Stolz. Mit Gefühlen umgehen zu können ist die Basis für gutes soziales Verhalten. Zugleich verankern sich mit positiven Emotionen Informationen tiefer im Gedächtnis. Reines Sachwissen hingegen kann sich leicht verflüchtigen.

Nur mit anderen Menschen können Kinder soziales Verhalten lernen, Selbstwert- und Selbstbewusstsein empfinden, sich selbst behaupten, Empathie, Kompromissfähigkeiten, Interaktion und friedliche Kooperation erfahren. Positive Gefühle, Spaß und Humor mit anderen sind besonders wichtig. Alles geht leichter, alles fällt zu lernen leichter, was Kinder als angenehm erfahren oder ihnen gar Spaß bringt. Humor wirkt wie ein Gefühlspuffer (Katalysator), mit dem Kinder für andere leichter Toleranz und Geduld entwickeln

können. Humor nimmt auch Angst! Er ist somit eine wichtige soziale Fähigkeit im sprachlichen und handelnden Umgang mit Spielpartnern: andere zum Lachen zu bringen, selbst schmunzelnd die Welt betrachten zu können und auch humorvoll mit kleineren Problemen umgehen zu können.

Lob und Anerkennung sind ebenso wie Spaß und Erfolg wunderbare positive Gefühlsverstärker. Doch kommen sie von außen. Kinder sollen sie viel bekommen (!), dürfen jedoch nicht von ihnen abhängig werden. Ansonsten kümmern sie sich mehr um die Anerkennung von anderen als um die eigene Zufriedenheit und Freude beim spielerischen Lernen. Also – Kinder nicht mit übertriebenem oder ständigem Lob überhäufen (sondern in besonderen Momenten) und öfters mal darauf hinweisen, wie glücklich oder zufrieden ein Kind aussieht.

Gefühle und Ideen austauschen

Die folgenden Bewegungsspiele zum Ausdrücken von Gefühlen bieten sich für zwei Spielpartner oder eine Kindergruppe im Alter von zwei bis fünf Jahren an.

Gute Gefühle ausdrücken
Ohne Material

> Wenn du fröhlich bist, klatsche in die Hand ...,
> ... winke mit den Händen ...,
> ... drehe dich im Kreis ...,
> ... strahle im Gesicht ...,
> ... springe in die Luft ...

Die Kinder stehen mit Ihnen im Kreis oder einem einzelnen Kind gegenüber. Singen Sie die erste Strophe ein paar Mal, klatschen dazu erst langsam, dann doppelt so schnell. Sind die Kinder im sich wiederholenden Textteil sicher, so variieren Sie das Lied mit selbst gefundenen Verben. Lassen Sie die Kinder in ausdrucksvollen Körperbewegungen gute Laune ausdrücken.

Roboter berühren und lenken
Ohne Material

Ein Kind lenkt seinen Spielpartner als Roboter von hinten durch den Raum. Drückt es mit dem Finger auf die Brustwirbelsäule und ruft »vorwärts«, so geht der Roboter langsam geradeaus. Legt es ihm seine Hand oben auf den Kopf und ruft »stopp«, so muss er innehalten. Legt es ihm die Hand auf eine Schulter und sagt z.B. »rechts, rechts«, so muss er rechts herumgehen, bis sich die Hand hebt. Mehrere Kinder können ihre »Roboter« gleichzeitig durch den Raum steuern, ohne dass diese zusammenstoßen. Die Partner müssen nur hellwach miteinander kommunizieren und gut aufeinander reagieren. Die zarten Berührungen des Spiels machen es Kindern leicht, sich sprachlich wie über den Körperkontakt verständlich auszudrücken.

Körper zu Buchstaben zusammenlegen
Ohne Material

Vorschulkinder legen sich gerne zu zweit, dritt oder viert zu Buchstaben nah aneinander. Sie wählen zuerst einen Buchstaben aus und zeichnen ihn anderen Kindern auf, so dass alle seine Form erfassen. Dann probieren sie aus, wie sie ihre Beine, Arme und Köpfe zusammenlegen können, damit der Buchstabe gut zu erkennen ist. Kennen die Kinder noch keine Buchstaben, so legen sie sich in Formen wie Kreis, Dreieck, Rechteck. Zeichnen Sie ihnen später die ersten Großbuchstaben auf, z.B. das D, A, T, U, M, S.

lustige Körperpositionen. Dabei lernen die Kinder, wie einzelne Körperteile heißen, wie sich diese in den Gelenken bewegen lassen, wie nicht (!) und welche Berührungen angenehm sind. Das Kind in der Rolle der Gummipuppe benennt dabei immer, welche Körperteile verschoben werden sollen.

Glückliche Maikäfer
Material: 1 Teppichfliese pro Kind
Zu diesem fröhlichen Sprechgesang und zugleich spannenden Rätselreim gehen und tanzen die Kinder mit einer Teppichfliese auf dem Kopf balancierend durcheinander. Zuvor wird der Text mehrmals im Kreis stehend wiederholt, so wie die Kinder ihn dann auch im Tanzen wiederholt sprechen werden. Später können Sie die Kinder durch Zurufe dazu motivieren, den Reim abwechselnd »lauter!«, »leise!«, »langsamer!«, schneller!« zu sprechen. Sie bereiten damit das nächste Spiel vor.

Es fliegt und ist kein Vogel,
es brummt und ist kein Bär,
frisst Laub wie eine Ziege,
fliegt nur im Mai umher.

Sprechende Gummipuppe
Ohne Material
Ein Kind stellt eine sprechende Puppe im stabilen Stand dar. Es benennt nacheinander Körperteile, die ein oder zwei Spielpartner behutsam in verschiedene Richtungen bewegen dürfen. Es gibt auch Rückmeldung, wenn eine Bewegung nicht gut möglich ist: »Das klappt so nicht!« Nacheinander bewegen seine Spielpartner die Gliedmaßen der rechten und linken Seite in

Käfertruppe mit Fliesen
Material: Mehrere Teppichfliesen
Etwa vier Kinder einer so genannten »Käfertruppe« gestalten dem Boden nahe mit Händen, Armen und Beinen stabile Brücken auf weichen Fliesen. Im Knien, Liegen oder Sitzen formen sie sich dazu spontanen Einfällen folgend aneinander, halten sich und stützen sich an verschiedenen Körperteilen. Wird einem Kind eine der Berührungen unangenehm, so darf und soll es dies sagen. Nur so werden sich alle in der endgültigen Position wohl fühlen und Außenstehende können die Brücke der Käfertruppe bestaunen. Nun müssen die Spielpartner sehr intensiv miteinander kommunizieren, auf das Wohlbefinden aller Beteiligten achten und miteinander kooperieren. Nur dann gelingt ihnen ein eindrucksvoller Aufbau!

Für den Lebensalltag lernen

In Kommunikationsspielen, in denen auch über Gefühle und Wünsche der mitspielenden Kinder gesprochen wird, erlernen Kinder Problemlöseverhalten und Handlungsstrategien für den Lebensalltag. Hier in der Spielsituation können sie recht frei agieren und eigene Reaktionsmöglichkeiten testen, solange sie sich an Grundregeln des fairen Umgangs miteinander halten: In verschiedenen Rollen können sie Handlungsalternativen kennen lernen und Reaktionen wie Gegenreaktionen durchspielen. Auch können aktuelle Ereignisse zur Sprache gebracht und dargestellt werden, z.B. Konflikte, Wut und Streit. Hier helfen Wut-weg-Spiele und fröhliche Partneraufgaben zum Kräftemessen oder gemeinsamen Gestalten von Aufgaben, die nur zu zweit gelingen. Die Kinder können leichter über Gefühle und Bedürfnisse sprechen, wenn wir und andere mutige Kinder es ihnen vormachen. Beim Besprechen in der kleinen Runde hören die Kinder, dass ihre Handlungen Konsequenzen für andere hatten. Sie achten fortan besser aufeinander und übernehmen mehr Verantwortung für sich und für das Wohl anderer Kinder.

Viele kleine Erfolgserlebnisse schenken Kindern Zutrauen in ihre eigenen Fähigkeiten. Eine solche »Hoffnung auf Erfolg« macht sie auch für Herausforderungen in anderen Lebensbereichen stark.

Um offen über Bedürfnisse und Gefühle sprechen zu können, brauchen die Kinder eine gute *Eigenwahrnehmung*. Um die Bedürfnisse der anderen zu erkennen und um mit ihnen sozial geschickt umgehen zu können, brauchen Kinder eine gute *Fremdwahrnehmung*. Beide Schwerpunkte können in Partnerspielen und mit Hilfe von abschließenden Gesprächen über die gesammelten Gefühlserlebnisse unterstützt werden. In einer dialogfreundlichen Atmosphäre können Kinder nicht nur leichter über eigene Empfindungen sprechen. Sie berichten auch gerne über alle ihnen bekannten Gefühle und die entsprechenden Lebenssituationen. Und sie hören einander zu! Mit der Zeit können sie mehr und mehr für die anderen mitempfinden. Sie sehen und spüren, was in ihrem Gegenüber vorgeht, und können darauf besser aktiv handelnd reagieren.

Schüttel den Ärger ab!
Ohne Material
Verärgerte, schlecht gelaunte, gehemmte oder traurige Kinder – denen wird geholfen in der »Schüttel-Rüttel-Maschine«. Zwei Kinder halten sich an den Händen oder Unterarmen, ein drittes stellt sich in die Mitte. Es wird von den Armen auf Höhe der unteren Rippen sanft hin und her geschwungen. Wenn dies gefällt, wird es zunehmend schneller gerüttelt und durchgeschüttelt – bis es »Stopp!« ruft. Dann werden die Rollen gewechselt.

Bleib ernst!
Ohne Material
Sanftes Kitzeln gefällt durch die zarte Berührung allen Kindern, egal ob sie sich gerade ernst, fröhlich, unglücklich, ängstlich oder angespannt fühlen. Es verbessert ihre Stimmung zusehends. Dabei muss ein Stopp! unbedingt akzeptiert werden. Ein Kind wird von ein oder zwei Spielpartnern mit einer zarten Berührung der Zeigefinger am Bauch oder Brustkorb gekitzelt. Es soll versuchen ernst zu bleiben!

Zeichen auf dem Rücken
Ohne Material
Rückenmalereien sind nicht nur gut für die taktile Wahrnehmung und räumliche Orientierung, sondern auch als liebevolle, entspannende Geste wunderschön. Streichende Berührungen wirken harmonisierend und wecken positive Gefühle. Sprechen Sie nach dem Spiel mit den Kindern, wie sie sich vor und nach der Rückenmalerei gefühlt haben.

Paartanz mit Kuschelkissen

Material: 1 Kissen pro Kinderpaar

Sicher kennen Sie folgendes überlieferte Lied:

> *Ich bin ein kleiner Tanzbär*
> *und komme aus dem Wald.*
> *Ich such mir eine Freundin*
> *und finde sie schon bald …*

Langsamer Paartanz ist wohltuend. Die Kinder tanzen mit einem Kissen zwischen den Händen schwingend. So scheuen sie sich nicht vor dem beim Paartanzen für manche anfangs ungewöhnlichen Körperkontakt. Wie können die Kinderpaare miteinander an der Hand gefasst tanzen? Welche Ideen kommen größeren Kindern, den Vier- und Fünfjährigen, nachdem sie das Lied mit uns gelernt haben und dann zu zweit Tanzbewegungen ausprobieren? Kleine Kinder stampfen z.B. gerne aufeinander zu, fassen bei »Ich such mir eine Freundin …« einander beidhändig an und schwingen dann die Arme breitbeinig stehend nach rechts und links. Bei der zweiten Strophe gehen Kinder gerne in kleinen Trippelschritten wiederholt aufeinander zu, stupsen Bauch an Bauch an.

Rollenspiele mit Stofftieren

Material: 1 Stofftier oder Puppe pro Kind

Stellen Kinder in Rollenspielen geschehene Situationen aus ihrem Lebensalltag dar, so können sie noch einmal klar sehen, was wirklich geschehen ist, und die Position der anderen Beteiligten eher verstehen. Am liebsten spielen sie dabei mit Puppen oder Stofftieren. Unangenehme Situationen wie Konflikte, Ärger oder Kümmernisse stellen sie nicht gerne wie ein Schauspieler mit dem eigenen Körper dar. Mit Puppen wird die Auseinandersetzung spielerischer und fantasievoller. Hierbei werden auch eher Lösungswege von den Kindern gefunden, weil sie das Geschehen im Puppenspiel sachlicher reflektieren können. Zugleich getrauen sie sich die empfundenen Gefühle deutlicher auszudrücken!

Schön, wenn Väter und Erzieher viel und auf ihre eigene Art mit Kindern spielen! Wie Männer mit Kindern spielen und wie sie beim Spielen sprechen, prägt entscheidend die Denkweise, das Rollenverständnis und die sich entwickelnde Kommunikation bei Kindern mit. Dass männliche Erziehende in der Beschäftigung mit den Kindern oft andere Interessen und Ideen haben als die Mütter und Erzieherinnen, ist für Kinder wichtig zu erfahren.

Männer toben, necken und raufen gerne mit ihren Kindern, fordern sie körperlich wie geistig immer wieder heraus. Die Kinder lieben diese Tobespiele! Mädchen wie Jungen suchen im Rangeln Körperkontakt, wollen Nähe, suchen Stärke und Sicherheit bei ihrem männlichen Vorbild. Häufig geht es wild und laut her, was Mütter und Erzieherinnen manchmal kritisieren. Doch brauchen Kinder das zügellose Raufen und Ringen mit vollem Körpereinsatz für die Entwicklung der Eigenwahrnehmung, um sich zu spüren, um kraftvolle Bewegungen und spielerisches Sichwehren kennen zu lernen!

Toben und sich dabei sprachlich necken ist für Kinder herrlich und auch sehr sinnvoll, damit sie motorisch gewandter und im Ausdrücken von Gefühlen mutiger werden. Mit Männern können sie kraftvoll agieren und erfahren dabei die Grenzen dessen, was erlaubt ist. Sie verstehen schnell, dass das Kräftemessen nur erwünscht ist, solange es dabei allen Mitspielern gut geht.

Neben den Tobespielen und sportlichen Spielen begeistern viele Väter mit ihrem handwerklichen Geschick. Sie bauen und gestalten gerne mit den Kindern. Baumhäuser, Tierkäfige oder Drachen bauen, Windspiele aus Haushaltsmaterialien gestalten, Bewegungsbaustellen zum Spielen im Garten anlegen – all das sind für Kinder sehr eindrucksvolle Aktivitäten. Alle Eigenkonstruktionen regen die Fantasie der Kinder an und schulen die Feinmotorik.

Fällt etwas auf?

Die körperliche Geschicklichkeit ihrer Kinder haben Väter häufig gut im Blick. Schnell wird erkannt, wenn der Sohnemann nicht sicher rennen oder mit dem Fuß nicht zielsicher kicken kann. Beim Werken fällt schon bald auf, wenn eine Hand wenig genutzt wird oder ob beide gut koordiniert zusammenwirken. Solange die eigenen Wünsche und Hoffnungen der Väter den Kindern keinen Stress machen, ist diese Beobachtungsgabe und das Interesse, die Gewandtheit der Kinder spielend zu fördern, wunderbar. Gerade die ganzkörperliche Feinmotorik der Kinder unterstützen Männer öfter als Frauen mit gezielten Spielen: Sie werfen, fangen und balancieren mit ihnen Frisbees, Bälle, Bierdeckel oder Kissen. Perfekt wäre es, wenn Sie dabei beobachtend feststellen könnten, welche koordinative Fähigkeit einem Kind vielleicht fehlt, wenn ihm ein Bewegungsablauf wiederholt nicht gelingt. Ein Beispiel: Wirft es nicht gut, weil es die Bewegungen der Schulter und des Armes noch nicht koordinieren kann oder weil es sich nicht auf das Ziel konzentriert? Beobachten Sie das Kind beim Spielen und schreiben Sie seine sichtbaren Bewegungsstärken und -schwächen auf. Vergleichen Sie dies einmal mit den Eindrücken der Mutter oder der Erzieherin des Kindes. Heben Sie beim Kind nur seine guten Fähigkeiten hervor! Fehlt etwas Mut? Zeigt ein Kind Angst? Ist es zu aufgeregt oder mag es etwas nicht? Wenn Sie mit ihm behutsam darüber sprechen, unterstützen Sie es darin, die eigenen Empfindungen (vielleicht erstmalig) zu formulieren und sein Tun zu erklären.

Auch »feminine Spiele« wie Puppenspiele erleben Mädchen wie kleine Jungen gerne mal mit einem Mann. Gemeinsam mit Papa die Puppen tanzen lassen, ist für Kinder gerade dann ein einschneidendes Erlebnis, wenn es bislang selten dazu kam. Wie ungewöhnlich und schön, wenn der Vater auch in Frauenrollen schlüpft! Wie lehrreich, wenn dieser eigene Standpunkte im Rollenspiel vertritt, aber auch mal übliche Klischees hinterfragt! Die Kinder testen im Puppenspiel aus, wie sich ihr Papa in verschiedenen Situationen verhalten würde.

Papas haben wirklich viele Ideen! Einige möchte ich vorstellen. Eine abwechselnd anstrengende und entspannende Spielfolge ist optimal. Mit einer solchen Bewegungsstunde können Väter oder Erzieher in der Kita Kinder ohne Stress körperlich, emotional und eben auch sprachlich fördern.

Die Spiele bieten sich für ein oder mehrere Kinder im Alter von drei bis sechs Jahren an.

Flieger in der Höhe
Ohne Material

René hält Sarah sicher am Brustkorb gefasst hoch. Sie streckt sich immer wieder ganzkörperlich lang und breit aus, während René mit ihr in Kurven »durch den Raum fliegt«.

Schulterrolle
Ohne Material

Nun fliegt Sarah niedriger auf Renés Schulter, streckt sich erst balancierend hoch, zieht sich dann rund zusammen (Kinn an die Brust!) und rollt weich auf seinen Oberschenkeln ab.

Rollen üben
Material: Decke oder Matte

Rollen üben sollten Kinder auch ohne die Hilfe anderer, am besten auf besonders weichem Untergrund: Auf die Hände stützen, den Kopf zwischen die Beine schieben und über eine Schulter rollen! Das schützt die Wirbelsäule.

Handpuppen erzählen

Material: 2–4 Handpuppen

Lassen Sie die Puppen tanzen und die Kinder Geschichten erzählen. Was beschäftigt sie im Moment? Werden aktuelle Probleme von den Kindern aufgegriffen, oder starten Sie eine Fantasiereise?

Ringen und Raufen

Material: Matten oder Matratzen

Kitzeln, ringen und raufen Kinder immer wieder nahe am Boden, so robben, kriechen und krabbeln sie gleichzeitig viel. Dies sind wichtige Bewegungserfahrungen für eine bessere Koordination, Balancefähigkeit und Vernetzung der rechten und linken Gehirnhälfte durch die Überkreuzbewegungen.

Fangen und Verzaubern

Ohne Material

Wer im Laufen gefangen wird, verwandelt sich auf Zuruf des Fängers in ein Tier und ahmt dessen Fortbewegungsart nach, in ein »kriechendes Krokodil«, einen »Bären auf allen vieren«, in einen Affen, Fisch, in eine Giraffe ...

Kampf um den Ball

Material: Großer Fitball

Wer kann sich am großen Gymnastikball festklammern, wer wird von ihm weggezogen, wer hält und agiert zusammen? Wildes Toben ist auf einem kräftigen Teppichboden ebenso wie auf der Judomatte möglich.

Doch lädt die Judomatte weit mehr zu angstfreiem Kullern und Abrollen ein. Vielleicht ist es Ihnen möglich, einmal eine Judohalle für eine kleine Kindergruppe zu reservieren. Fragen Sie in der Judoschule Ihrer Nachbarschaft nach!

Ruhe und Balance

Material: Großer Fitball

Bewegte Stille erleben Kinder beim Balancieren in Rücken- oder Bauchlage auf dem großen Gymnastikball. Mit beiden Füßen oder Händen am Boden legen sie sich über den Ball und schaukeln sich sachte hin und her – oder sie werden von einem Spielpartner geschaukelt und geben Rückmeldung, wie es angenehm ist.

Bewegung ist ein herrliches Ventil zum Druckablassen und Lockerwerden! Kinder sollten bewusst Erfahrungen mit bewegungsintensiven Spielen nach stressigen Erlebnissen sammeln, z.B. nach unruhigen Stunden im Kindergarten, nach Konflikten mit Geschwistern oder mit Freunden. Dann können sie schon in jungen Jahren nachvollziehen: Viel Bewegung ist die beste Möglichkeit, sich abzureagieren und zu entspannen!

Tobespiele verbessern die Stimmungslage wütender oder aggressiv geladener Kinder. Sie helfen ihnen, ihre angestaute Energie in kraftvollen Bewegungen zu entladen. Lustige und sinnliche Spiele beruhigen die angegriffenen Nerven. Sie bereiten die Kinder gut für ein Gespräch unter vier oder sechs Augen vor. Nutzen Sie die Chance! Bewegungsintensive Spiele mit Luftballons und zarten Tüchern gefallen großen wie kleinen Kindern. Sie rennen und springen mit ihnen, werfen, kicken, transportieren sie.

Haben sich die Kinder erst einmal in verschiedenen Aufgaben abreagiert, so können sie sich beim Experimentieren mit eigenen Bewegungsideen in ihrem Tempo und auf ihre Art entspannen! Welche Bewegungsmöglichkeiten mit den Ballons und che Stoffen gefallen den Kindern? Sie können sie vorzeigen. Haben sich die Gemüter erst einmal beruhigt und wohltuende Momente erlebt, so fällt es wieder leichter, gemeinsam zu spielen. Muss man in einem verlockenden Spiel oder bei einer Herausforderung mit einem Partner zusammenwirken, dann verstehen sich selbst die Streithähne von eben schnell wieder!

Bewegung ist eben emotional wie körperlich ein wertvolles Ventil für Stress – und führt immer zu mehr Wohlgefühl. Haben Vier- und Fünfjährige dies einmal bewusst erlebt, so können Sie sie später in ähnlichen Situationen an dieses Erlebnis erinnern. Dann werden sie es verstehen, wenn wir sie »zum Austoben und Abreagieren« wieder einmal nach draußen schicken.

Die folgenden Wut-weg-Spiele sind 3- bis 6-Jährigen alleine mit uns oder mit mehreren Kindern möglich.

Ballons boxen

Material: Großer Ballon, Wasser, 2 Schnüre

Mit ein wenig Wasser gefüllt, hängt ein großer Ballon stabil unter einem Ast. Auf Brusthöhe boxen, drücken und kicken die Kinder in ihn hinein. Zuerst reagiert sich jedes Kind eine Minute an ihm ab. Dann stoßen sich zwei Kinder den Ballon gegenseitig zu.

Durch Reifen werfen

Material: Kleine Ballons, 1–2 Reifen

Kleine Ballons können die Kinder mit Kraft durch ein bis zwei Reifen werfen. Je besser es gelingt, umso größer können sie den Abstand wählen.

Springen und Fangen

Material: 1 Ballon pro Kind, Slalomhütchen oder Plastikbecher

Mit einem Ballon zwischen den Knien fangen sich zwei Fänger gegenseitig rund um die im Kreis aufgestellten Slalomhütchen oder Plastikbecher.

In Partnerspielen werden kleine wütende Streiter gerne wieder zu Mitspielern, wenn sie eine Bewegungsaufgabe nur genügend reizt, um sie aus ihrer Haltung herauszulocken.

Schnelle Windräder

Material: 2 Jongliertücher, 2 Ballons

Werden zwei Jongliertücher um zwei Ballons geknotet, so hält das Kind sie an den Knoten und schwingt sie als Windräder nacheinander rückwärts. Es beschleunigt sein Tempo, stoppt irgendwann und schwingt sie dann nach vorn.

Zur Ruhe kommen

Material: 2 Ballons

Die Ballons unter die Arme klemmen und zehn Sekunden auf einem Bein stehen, das beruhigt die Kinder. Es lässt sie innerlich wie äußerlich zu ihrer Mitte finden.

Ballons transportieren

Material: 1 Ballon pro Kind, viele Slalomhütchen oder Plastikbecher

Auf einem Becher oder einer Plastikschale einen Ballon zu transportieren, das ist schon schwierig. Im Slalom um die Hütchen voranzulaufen, steigert den Spaß. Die Ballons liegen mit etwas Wasser gefüllt stabiler auf.

Platzen lassen

Material: 5–8 Ballons

Raus aus dem Bauch mit der Wut: Eine Luftballonschlange platzen lassen, darauf springen, dass es nur so knallt!

Spezielle
Koordinations-
förderung

Die Koordination eines Kindes zeigt sich in einer Bewegung anhand seiner Bewegungsgenauigkeit, der Reaktionsschnelligkeit samt Ausführungsgeschwindigkeit, dem Krafteinsatz, anhand seiner Gleichgewichtsfähigkeit und seiner Orientierungsfähigkeit im Raum. Diese fünf Grundfähigkeiten bestimmen miteinander die Qualität eines jeden Bewegungsablaufs. Vier- bis sechsjährige Kinder machen diesbezüglich in der Vorschulzeit enorme Entwicklungsschritte – wenn wir ihnen nur genügend Bewegungsangebote ermöglichen und sie koordinativ anspruchsvollere Bewegungsabläufe häufig wiederholen lassen.

Zeigen die Kinder ein Talent für bestimmte Bewegungsweisen, zum Beispiel für das Werfen und Fangen beim Ballspielen oder die ganzkörperliche Gewandtheit beim Turnen, so können sie bereits als Schulanfänger über Bewegungsqualitäten verfügen, die sich so mancher Zweit- oder Drittklässler wünschen würde. Außerdem können Eltern und Pädagogen Kindern mit einer speziellen Koordinationsförderung helfen, auffallende Bewegungsschwächen zu beseitigen. Übung macht hier wirklich den Meister. Machen Bewegungsideen Spaß und scheinen Kindern neue Herausforderungen interessant, dann sind sie hoch motiviert, ihre Fähigkeiten selbst zu erweitern. Sie wollen besser werden, schneller, geschickter und stärker!

Neue Bewegungs- und Balanceerfahrungen

Im Vorschulalter können die Kinder mit neuen, speziellen Bewegungserfahrungen auf die in den ersten Lebensjahren im Idealfall vielseitig erworbenen, grundlegenden Erfahrungen aufbauen. In diesem Kapitel finden Sie beliebte sportliche Bewegungsangebote, zu denen Sie Kinder bereits vor der Grundschulzeit gezielt anleiten können.

Eine spezielle Koordinationsschulung mit Bällen, im Wasser oder beim Tanzen gefällt den meisten Kindern, motiviert sie dazu, miteinander in Gruppen zu spielen. All diese Bewegungsangebote fördern zudem die grundlegend wichtige Balancefähigkeit. Sie wird dabei auf unterschiedliche Weise

geschult, mal statisch in gehaltenen Balancepositionen, mal beim Agieren am Ort stehend oder in der Fortbewegung. Die Kinder erfahren wertvolle Abwechslung und behalten lange den Spaß an Gleichgewichtsaufgaben und spielerischen Haltungsübungen. Alle Balancespiele im Stehen und Sitzen lassen Kinder ihre körperliche und ihre emotionale Mitte finden! Sie helfen ihnen sich zu zentrieren und zu konzentrieren. Sie wirken harmonisierend. Einfache Balancespiele für den Gleichgewichtssinn kleiner Kinder finden Sie im 1. Praxiskapitel dieses Buches.

Geschickte Hände

Die Förderung der Handgeschicklichkeit von zwei- bis fünfjährigen Kindern wirkt sich direkt auf eine Erweiterung der kindlichen Handlungsfähigkeit aus. Sie gehört zur Vorbereitung für die Schulzeit wie zur Unfallvorsorge. Sie initiiert bei vielen Kindern eine Vorliebe für feinfühliges Hantieren und kreatives Gestalten. Vermitteln Sie kleinen Kindern mehr Aufmerksamkeit für das Tun ihrer Finger. Doch beginnen Sie frühestens im Vorschuljahr mit einer bewusst geplanten Förderung der Handgeschicklichkeit, vor allem dann, wenn eine spezielle Unterstützung nötig erscheint. Am leichtesten entwickeln Kinder einzelne koordinative Fähigkeiten, wie die Feinmotorik der Hände, durch einen regelmäßigen Wechsel von speziellen Übungen und ganzkörperlichen Spielen! Sinnvoll sind Bewe-

- Steigen Sie mit den Kindern spielerisch und die ganzkörperliche Koordination ansprechend in ein Bewegungsthema ein, testen Sie z.B. zuerst aus, auf welche Weisen man zu fröhlicher Musik einen Ball mit den Händen und Füßen bewegen kann.
- Lassen Sie Kinder interessante Bewegungsideen vorzeigen, die Beispiele für erste spezielle Bewegungsabläufe der Arme oder Beine geben. Bewegungsvorschläge von Gleichaltrigen machen Kinder besonders gerne nach.
- Fördern Sie spezielle Bewegungsabläufe durch Bewegungsaufgaben, z.B.: »Rollt den Ball über diese Langbank, indem ihr den Ball möglichst selten anstupst.«
- Zeigen Sie selbst möglichst oft und langsam schwierigere Bewegungsabläufe vor. Sprechen Sie dazu zwei bis vier Schlagwörter für charakteristische Bewegungen aus, z.B.: »Fuß vor, Ziel ansehen, werfen!«
- Üben, üben und die Bewegungsabläufe viel wiederholen lassen! Später gerne auch in unterschiedlichen Variationsmöglichkeiten.
- Hat ein Kind eine spezielle Bewegungsfähigkeit verbessert, z.B. die der beidhändigen Armkoordination beim Ballspielen, so zeigen Sie ihm, wobei es diese sonst noch braucht, z.B. beim Klettern, Tanzen oder Schwimmen.

gungsaufgaben, die die Hände gezielt mit einbeziehen oder auch das Bauen, Basteln und das Gestalten von Spielstationen. Für die spezielle Förderung der Handgeschicklichkeit im Vorschulalter finden Sie ab Seite 115 reizvolle Geschicklichkeitsaufgaben im Wechsel zu ganzkörperlichen Koordinationsspielen.

Mit einer guten Koordination leichter lernen

Gute koordinative Fähigkeiten erleichtern Kindern das ganzheitliche Lernen. Sie lernen, indem sie handeln, austesten, beobachten und ihre selbstgemachten Bewegungserfahrungen und Umwelterfahrungen als neues Wissen abspeichern. Sie lernen über alle sieben Sinne umso bewusster, je besser sie ihren Körper kennen und zu steuern gelernt haben. Haben sie schon öfters in Bewegungsspielen geübt, abwechselnd auf die Arme, die Beine, die Kopfhaltung oder die Finger zu achten, so können sie auch beim Erkunden und praktischen Lernen die einzelnen Sinne differenzierter nutzen – nämlich die der Hände, der Beinmuskeln, der Augen, Ohren, des Gleichgewichtsinns usw.

Große Gymnastikbälle wie der Fitball oder Peziball sind für kleine Kinder (ebenso wie für Schulkinder) ein herrliches Spielobjekt. Mit ihnen können sie toben, turnen und entspannen. Sie möchten die runden Riesen umarmen, anstupsen, schlagen und wegkicken – und ahnen noch gar nicht, wie unglaublich vielfältig sie sich mit ihnen bewegen können. In den folgenden Bewegungsspielen liegen und sitzen, wippen und kullern sie auf den großen Bällen. Sie legen Spielsachen oben auf, prellen und rollen sie.

Runde Riesen: Fitballspiele für Koordination und Kraft

Kindern bieten sich mit dem Fitball abwechslungsreiche Koordinationsspiele an, die aufgrund der instabilen Gleichgewichtssituation immer mehrere Muskelgruppen aktivieren. Sie fördern nicht nur die ganzkörperliche Gewandtheit und Kraft, sondern unterstützen auch die Selbstwahrnehmung der Kinder, insbesondere die des Tastsinns, des Gleichgewichts- und des Bewegungssinns.

Viele Frauen haben den großen Gymnastikball in der Schwangerschaft für sich selbst als wohltuend kennen gelernt. Er ermöglicht aufrechtes Sitzen, sanftes Beckenkreisen oder kräftigende Rückenübungen. Für die folgenden Spiele können Sie dieselben Bälle nutzen! Sie sollten im Durchmesser 65 cm bis 85 cm groß und locker aufgepumpt sein. Legen Sie den Ball auf eine Decke oder ein Schaffell, so rollt er nicht so leicht weg. Dennoch sollten Sie die Kinder während der Balancespiele im Sitzen, Liegen oder Knien auf dem Ball immer sicher am Becken oder Rumpf festhalten.

Es folgen Spiele für ein oder mehrere zwei- bis fünfjährige Kinder mit einem großen Gymnastikball.

Sich hinlegen und hochziehen

In Bauch- oder Rückenlage auf dem weichen Riesen zu liegen ist herrlich entspannend! Aus der Rückenlage versuchen die Kinder ohne unsere Hilfe, nur durch Anspannen der Bauchmuskeln seitlich hoch ins Sitzen zu kommen. Wir halten sie dafür an den Oberschenkeln sicher fest. In der Bauchlage auf dem Ball kräftigen die Kinder ihren Rückenstrecker, indem sie den Kopf und die Arme seitlich anheben. Sie spielen z.B. gerne »Flieger«, wenn wir sie an den Hüften stabil halten.

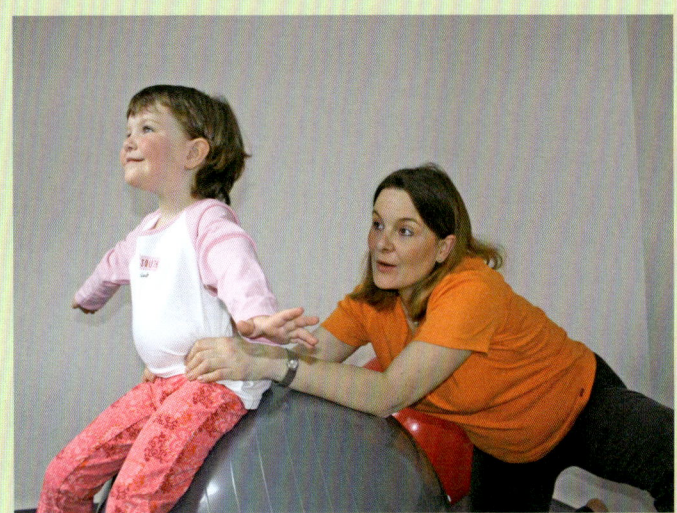

Seitbeugen im Sitzen

Sitzt ein Kind mit geöffneten Beinen aufrecht auf dem Fitball, so spannt es automatisch seine seitliche Rumpfmuskulatur an, wenn wir es zur rechten und zur linken Seite langsam hin und her rollen. Es wird sich bei jeder Seitneigung im Rücken lang nach oben strecken, um nicht herunterzurutschen.

Wippen und balancieren

Halten Sie das Kind beidhändig am Becken fest und setzen es mittig auf den Ball. Beginnen Sie es sanft zu wippen. Sitzt es dabei aufrecht, so ziehen Sie es abwechselnd leicht nach vorne (für die Rückenmuskeln) und schieben es etwas nach hinten (für die Bauchmuskeln), zuerst ohne, später mit Wippen.

Ball prellen und fangen

Die Kinder heben den Ball mit einer Kniebeuge von unten an und lassen ihn plötzlich los oder sie drücken ihn gar beidhändig zu Boden. Fünfjährige können ihn mit etwas Übung in geöffneten Armen auffangen.

Auf den Füßen tragen

Das folgende kleine akrobatische Kunststück erfordert ein geschicktes Zusammenspiel der Arme und Füße sowie viel Muskelkraft im Bauch und in den Oberschenkeln: Dem Kind wird in Rückenlage der Ball von oben

auf die Fußsohlen angereicht, so dass es ihn mit beiden Händen und beiden Füßen festhalten und zehn Sekunden tragen kann.

Beine brauchen sie unseren Schwung nach vorne, um sich mit den Händen abstützen und z.B. kleine Spielmaterialien in Schalen aufsammeln zu können.

Liegestützen auf dem Ball

Fünfjährigen gelingt es nach einigen Versuchen meist rasch, bis in den Liegestütz voranzurollen und sich dort mit den Unterschenkeln auf dem Ball balancierend zu halten. Wem gelingt dies zehn Sekunden lang? Es kostet die Schultergürtelmuskulatur viel Kraft!

Auf zwei Bällen balancieren

Auf zwei Bällen zum Liegen zu kommen gelingt Kindern, wenn beide Bälle von zwei Partnern oder von einem Erwachsenen eng beieinander festgehalten werden. Können sich größere Kinder dabei mit mindestens einem Fuß am Boden abstützen, so ist es möglich, sie langsam los- und alleine balancieren zu lassen. Hierbei arbeiten fast alle Muskelgruppen des Körpers kraftvoll zusammen.

In Bauchlage vor- und rückrollen

Größere Kinder rollen mit dem Bauch auf dem Ball liegend vor, bis sie mit den Händen den Boden berühren können, rollen zurück oder kullern auch mal seitlich vom Ball herab. Kleine Kinder müssen dazu an den Oberschenkeln festgehalten werden. Wegen der kurzen

Schwere Zwerge: Kräftigende Spiele mit schweren Bällen

Kinder wollen stark sein! Etwas schwerere Bälle begeistern sie besonders. Alte lederne Basketbälle oder Medizinbälle sind perfekt für Spiele zur Kräftigung der Arme, des Rückens und des Schultergürtels. Vielleicht haben Sie die Möglichkeit, mit einer Kindergruppe in der Turnhalle die verschiedenen Bälle eines Vereins und dazu noch eine Langbank zu nutzen. Im Sommerhalbjahr sind die Spiele auch im Garten möglich, und die Langbank wird durch zwei Stühle und ein Brett ersetzt.

Schon kleinen Kindern sind spannende Bewegungsspiele mit schweren Bällen möglich, die die ganzkörperliche Koordination und Kraft fördern. Die Spielideen und die einzelnen Bewegungsaufgaben müssen für kleine Kinder nur einfach genug

sein. So fällt Drei- bis Fünfjährigen zwar das Fangen von fliegenden Bällen schwer, doch rollende Bälle können sie als Vorübung dazu geschickt aufnehmen. In dieser Bewegungsstunde gilt es möglichst viele der bereits vorhandenen Bewegungsfähigkeiten zu nutzen: Die Kinder können Bälle mit verschiedenen Körperteilen rollen, stupsen, drücken, stoßen, heben, balancieren, werfen oder anschieben. Dabei krabbeln sie vor- und rückwärts, schreiten, laufen, springen oder robben voran. Die folgenden Spiele verbessern die vor der Schulzeit so bedeutsame Augen-Hand-Koordination.

Mein Tipp: Empfehlen Sie den Kindern, den Ball immer anzugucken, bevor sie ihn wegstoßen oder werfen. Später raten Sie ihnen, mit der Hand nach jedem Abstoß genau zum angepeilten Ziel hin zu zeigen.

Spielideen mit schweren Bällen

Material: Langbank, 2 Kästen oder Brett mit 2 Stühlen, mehrere schwere Bälle
Spieleralter: 3–6 Jahre
Spieleranzahl: 2–viele

- Die Langbank steht auf zwei kleinen Kästen, die Bälle liegen oben auf. So können die Kinder in aufrechter Rückenhaltung nach den Bällen greifen und sie beidhändig möglichst weit durch die Halle werfen. Bitte vermeiden, dass Kinder schwere Bälle über Kopfhöhe nach hinten schwingen und sie im Gegenschwung aus dem »Hohlkreuz« abwerfen.

- Jedes Kind darf einmal alle Bälle hochheben und sie oben auf der Langbank aneinander reihen.

- Wer kann über die Langbank balancieren und dabei über einen großen Ball schreiten, ohne ihn zu berühren?

- Es gilt, einen Ball unter der Bank langsam hindurchzurollen, ihm außen nachzulaufen und ihn aufzufangen, bevor er gegen die Hallenwand stößt.

- In Bauchlage auf dem festen Ball balancieren, auf den Händen und Zehen gestützt weit vor- und zurückrollen, das ist Kindern gut möglich, entweder ganz weich und locker mit entspanntem Körper oder lang wie ein Brett gespannt.

- In der Bauchlage auf dem Ball liegend stützen sich die Kinder je nach Zuruf von uns mit unterschiedlichen zwei Körperteile am Boden ab, z.B. mit »einer Hand und einem Fuß« oder mit »einem Schienbein und der Stirn«.

- Beim Zielwerfen mit nur einer Hand zielen die Kinder mit den leichtesten Bällen auf einen schweren Medizinball, einen Schaumstoffwürfel oder ein Handtuch.

- Möchten Kinder schwere Bälle werfen, so sollten sie es möglichst oft im Sitzen oder Knien tun. So können sie die Wirbelsäule beim Schwungholen der Arme nicht zu weit überstrecken und dennoch der Schulter- und Armmuskulatur viel abverlangen.

- Ein Sofa aus Bällen ist herrlich fest und doch in sich beweglich. Es bietet sich zum Ausruhen in verschiedenen Sitz- und Liegepositionen an. Welche sind den Kindern möglich? Sie können es ausprobieren. Alle Bälle werden in eine Hallenecke gerollt, nebeneinander und übereinander gelegt, so dass sich die Kinder bequem darauf setzen, knien, legen und einkuscheln können.

Die Feinmotorik der Hände lässt sich vielfältig in Fingerspielen, durch Mal- und Bastelaktionen und mit Geschicklichkeitsübungen fördern. Parallel dazu sind gerade für eine vielseitige Entwicklung der Handkoordination ganzkörperliche Bewegungsspiele wichtig, bei denen viel Wert auf abwechslungsreiche Handbewegungen gelegt wird! Am besten wechseln sich Anregungen nur für die Hände und solche für den vollen Körpereinsatz ab. Die Kinder verfeinern ihre Geschicklichkeit aber immer auch beim freien, selbst bestimmten Spielen in einer anregenden Umgebung. Als fantasievolle Umgebung genügt die Natur im Garten oder Park. Die Kinder können hier herrliche Spiellandschaften mit immer wieder neuen Materialkombinationen gestalten. Eine etwas unübliche Materialkombination möchte ich mit verschiedenen Spielanregungen vorstellen: Luftballons, die mit Tüllstoff eingehüllt werden und damit für kleine Kinder griffiger sind und vielseitigen Bewegungsspaß ermöglichen. Doch zuvor noch ein paar Tipps und Hintergründe zur Förderung der Handgeschicklichkeit.

Ergreifen, dann begreifen

Kleine Kinder können mit ihrem Verstand nur »be-greifen«, was sie »er-greifen« oder zuvor handelnd erfahren haben! Nur was sie aus erster Hand durch Hantieren, Bewegen, Experimentieren erfahren, lernen sie realistisch kennen, weil sie nur so mehrere Sinne zugleich nutzen. Kinder brauchen dieses so genannte »Erfahrungswissen«! Fernsehen, Bücher und Computerspiele können ihnen nie so viel vermitteln.

Im Haushalt und im Garten gibt es unzählige Möglichkeiten, in denen kleine Hände mit anpacken, Materialien befingern, festhalten, zupfen, pressen, herausziehen können. Kleinkinder räumen, werken, putzen, gestalten immer gerne mit! Erst recht, wenn sie das Gefühl haben, dass sie uns Großen wirklich damit helfen. Viele der kleinen Haushaltsgegenstände aus Plastik, Kunststoff, Holz oder leichtem Metall bieten sich zum Zusammenstecken, Bauen oder Töneerzeugen an. Dabei sind die Hände immer unaufhörlich beschäftigt und im Koordinationstraining.

Sie können die feinmotorische Entwicklung eines Kindes beim Spielen und Wirken beobachten und seine Aufmerksamkeit direkt in der Situation auf seine Hände lenken. Kommt es in seinen Bewegungsversuchen mit seinen Händen nicht zurecht, so zeigen Sie ihm die dabei nötigen Handbewegungen mit sinnvoller Fingerhaltung. Es stärkt seine Beobachtungsgabe und Augen-Hand-Koordination.

Nutzen Sie die Vielfalt der käuflichen Gesellschafts- und Motorikspiele zur Schulung unterschiedlicher Handbewegungen, z.B. Domino, bei dem die rechteckigen Karten genau aneinander gelegt werden müssen, oder Steckspiele zum Gestalten von Bildern.

Sehr beliebt und sinnvoll sind teilbare Früchte und Gemüsesorten aus Holz, die die Kinder mit einem ungefährlichen Holzmesser »zerschneiden« bzw. trennen und mit einem Klettverschluss wieder zusammenfügen können.

Rechts oder links? Linkshänder sind nicht weniger intelligent, geschickt oder praktisch veranlagt als Rechtshänder. Was ein Kind diesbezüglich wird, steht schon bei der Geburt fest. Die Neigung wird vererbt. Geschätzt wird, dass 15–20 Prozent der deutschen Bevölkerung verstärkt links arbeiten. Bei ihnen befindet sich das Bewegungszentrum für die dominante Hand in der rechten Gehirnhälfte. Im zweiten Lebensjahr zeigen Kinder Vorlieben für vermehrtes Hantieren mit einer der Hände. Im vierten Jahr zeigt sich eine klare Dominanz der Arbeitshand. Probleme erfahren nur die Kinder, bei denen sich die Handdominanz bis zum fünften Geburtstag nicht einstellt. Manchmal sind daran Erwachsene schuld, die beim Kind keine Linkshändigkeit akzeptieren, sondern seine Händigkeit umgewöhnen wollen. Das verunsichert die Kinder. Die rechte Gehirnhälfte mit dem Bewegungszentrum für die linke Hand wird gehemmt, also regelrecht gestört, und die andere überfordert. Dies ist ein Grund für spätere Aufmerksamkeitsdefizite, feinmotorische Schwierigkeiten und Gedächtnisstörungen von umgeschulten Linkshändern. In den ersten beiden Schuljahren verwechseln sie Zahlen und Buchstaben viel häufiger als Kinder, deren Händigkeit man als selbstverständlich akzeptiert hat.

Unterstützen Sie Linkshänder durch Bewegungsspiele mit ausdrücklicher Nutzung der linken Hand und durch spezielle Stifte und Scheren. Werden linkshändige Kinder selbstständig, so werden sie selbstbewusst. Die Händigkeit macht dann keinen Unterschied!

Spiele mit Luftballons und Tüllstoff für 2- bis 4-Jährige

In großmaschigen, formbaren Tüllstoff gehüllte Luftballons können von kleinen Kindern besser gehalten, gefangen und balanciert werden. Weil sie etwas schwerer als einfache Ballons sind, lassen sie sich nun auch gut werfen. Für Berührungsspiele oder Fangspiele bietet es sich an, eine Schnur um den Zipfel des Ballons zu binden. Mit den Tücherballons oder auch mit nur den Ballons oder den Tüllstoffen können zwei- bis fünfjährige Kinder entweder abwechslungsreich alleine spielen oder mit mehreren Kindern zusammen Spieleinfälle sammeln. Die folgenden Bewegungsbeispiele erleichtern es Kindern, sich mit den Händen sehr konzentriert zu bewegen, da diese Materialien langsam in der Luft fliegen.

Benötigt werden pro Mitspieler nur ein Ballon, etwas Schnur und ein oder zwei Tüllstoffe (60x60 cm oder 80x80 cm).

Verschnürte Stoffballons

Spieleralter: 2–4 Jahre
Spieleranzahl: 1–viele

Kleinkinder können die Stoffballons leichter fassen, festhalten und schleudern, wenn wir eine Schnur an den Stoffknoten des umhüllten Ballons binden. Wir können an der Schnur gefasst einander mit den Ballons

durch schwingende Bewegungen und Anstupsen necken. Das motiviert kleine Kinder, sie zu ergreifen.

Mit den Händen balancieren

Spieleralter: 2–4 Jahre
Spieleranzahl: 1–viele

Legt sich ein Kind mit der Brust auf den locker aufgeblasenen Ballon, so muss es sein Gleichgewicht mit den Handflächen am Ballon ausbalancieren. Oder es stützt sich weiter vorne auf dem Boden ab. Mit der Zeit setzen die Kinder ihre Hände zunehmend kraftvoller und stabiler stützend ein.

Pitschen, packen, greifen, stupsen, schlagen

Spieleralter: 2–4 Jahre
Spieleranzahl: 1–viele

In Rückenlage spielt das Kind mit den hoch gestreckten Armen an zwei in Tüllstoff gehüllten Ballons. Wir regen es zu unterschiedlichen Bewegungen an, indem wir die Ballons abwechselnd näher und weiter entfernt zu ihm führen, sie hin und her schwingen oder kreisen. Benennen wir die unterschiedlichen Hand- und Fingerbewegungen, dann können die Kinder diese schon bald bewusst ausführen, z.B. streicheln, boxen, mit einem Finger stupsen.

Was bin ich?

Spieleralter: 2–4 Jahre
Spieleranzahl: 1–viele

Mit einem Ballon am Zipfel gefasst toben und tanzen Kinder gerne, vor allem zu Musik. Sie sollten es auch im Wechsel mit der ungewohnten Hand tun. Regen Sie sie doch auch mal zum Darstellen von Tieren, Menschen oder Fantasiefiguren mit Luftballon an. Der Ballon wird zum Rüssel, zum Hut, zum dicken Bauch oder einer großen Hummel.

Ballons durch Hindernisse schieben

Spieleralter: 2–4 Jahre
Spieleranzahl: 1–viele

Beim Schieben, Tragen und Stupsen von Ballons durch Hindernisse wie Äste, Büsche oder Stühle wirken die Kinder hoch konzentriert mit ihren Händen, denn sie wissen, das er platzen könnte. Das erhöht die Spannung und den Spaß. Ältere Kinder könnten es auch mit nur einer Hand versuchen, mit nur den Fingerspitzen oder mit Fäusten.

Die Hand- und die Mundmotorik

Besprechen Sie öfters mit Kindern, was Sie mit den Händen tun, z.B. wenn Sie spielen, kochen, werken, räumen, basteln und im Haushalt arbeiten. Was bewirken Sie dabei mit Ihren Händen? Im Gehirn liegen die Zentren der Hand- und der Mundmotorik direkt nebeneinander. Sie beeinflussen sich in ihrer Entwicklung! Deshalb verfügen Kinder mit einer gut entwickelten Handgeschicklichkeit zumeist auch über eine gute Mundmotorik und umgekehrt. Beschreiben Sie mit den Kindern beim Spielen die Bewegungen der Finger. Sprechen Sie über deren Tastempfinden. Wie fühlen sich verschiedene Gegenstände in den Händen an? Warm oder kalt? Hart oder weich? Eckig oder rund? Rau oder glatt?

Was Vorschüler mit ihren Händen können sollten

Auge-Hand-Koordination
- Die Hände einige Minuten lang beim Hantieren beobachten und kontrollieren
- Einfache Bewegungsdemonstrationen mit Händen und anderen Körperteilen nachmachen, z.B. rechte Hand auf linken Oberschenkel klatschen, dasselbe seitenverkehrt im Wechsel. Hände im Wechsel zur Nase
- Bälle über etwa 4 m hinweg gezielt werfen und auch fangen. Mit Luftballons und Stoffbällen gelingt dies Dreijährigen über 2 m
- Dominokarten oder -steine genau aneinanderlegen und in Bahnen räumlich klar anordnen können
- Mit geschlossenen Augen Körperteile benennen, die berührt werden
- Die Finger einer Hand berühren einzeln und abwechselnd den Daumen
- Bevorzugt eine dominante Hand nutzen, z.B. beim Zeigen, Malen, Stecken, sie nicht bei einhändigen Tätigkeiten häufig wechseln
- In Ganzkörperbewegungen mit den Händen gewandt die Körpermittellinie überkreuzen
- Rechts und links in Armbewegungen unterscheiden

Fingergeschicklichkeit
Schulanfänger sollten für die Schreibanforderungen
- Stifte zwischen Daumen, Zeige- und Mittelfinger locker halten
- Als Vorübung mit Wäscheklammern Socken oder Servietten auf- und abhängen, mit Pinseln malen
- Mit der Schere ausschneiden können
- Schleifen und Knoten binden, Knöpfe auf- und zuknöpfen

Spiele mit Luftballons und Tüllstoff für 4- bis 6-Jährige

Material für die folgenden Spiele:
2 längliche Ballons, 2 Tüllstoffe
Spieleralter: 4–6 Jahre
Spieleranzahl: 1–viele

Kleine Gespenster

Legen die Kinder die zarten Stoffe nur über die beiden Ballons, bewegen sie schwingend durch die Luft und um den eigenen Körper herum, so sehen sie für Kinder wie bunte Gespenster aus. Geben Sie ihnen zunächst erst einen Ballon mit Tuch im Wechsel in die rechte, dann linke Hand. Geübte Kinder fassen beide Ballons an deren schmalem Ende, drehen und schwingen sie durch die Luft.

Knoten üben

Kleine Kinder legen die Ballons auf dem Boden in die Mitte eines Tülltuches und versuchen die Enden miteinander zu verknoten. Vorschulkindern gelingt dies auch im Stehen durch Heranpressen des umhüllten Ballons an den Bauch. Alle vier Enden müssen miteinander über kreuz geknotet werden, damit der Ballon beim Werfen und Schwingen nicht herauskullert.

Mit zwei Tüllstoffen tanzen

An den Zipfeln gefasst lassen sich die rechteckigen Tüllstoffe herrlich langsam durch die Luft bewegen. Dadurch können Kinder die Wirkung ihrer Handbewegungen auf die langen Tücher sehen und sie bewusster ausführen.

Ballons hoch oben vorantreiben

Ein eingehüllter Ballon lässt sich im Freien besser hochstupsen und in der Luft gezielt voranbewegen, da der Wind ihn nicht so einfach aus der Flugbahn bringen kann. Die Kinder nutzen nun beide Handflächen, die Handrücken oder ihre Fingerspitzen, um ihren Ballon über eine vorgegebene Strecke in der Luft zu transportieren.

Gezielt werfen

Die Stoffballons lassen sich, griffig wie sie sind, gut werfen und, so langsam wie sie fliegen, auch leicht fangen. Nutzen Sie Reifen oder Holzleitern als Ziele für geradlinige Würfe in die Höhe.

Mit schwimmenden Spielsachen und sichernden Schwimmhilfen entdecken schon die jüngsten Kinder immer wieder neue Bewegungsmöglichkeiten im Wasser. Hinein ins herrlich nasse Vergnügen: Nun wird gestrampelt, balanciert und vielleicht auch getaucht. Neben den beliebten Schwimmflügeln, aufblasbaren Schwimmreifen und Wasserbällen bieten sich für kleine Kinder ab einem Jahr hochwertige Schwimmhilfen und Spielobjekte an, die die Bewegungslust wecken: z.B. schwimmende Stäbe, Kunststoffbretter, Matten und Rollen, Plastikringe, Moosgummi-figuren und kleine Badetiere. Auch Plastikflaschen, -schalen, -deckel, Wäscheklammern und andere schwimmende Objekte aus dem Haushalt erweitern die Bewegungsmöglichkeiten der Kinder im Wasser.

Jeder Schwimmbadbesuch sollte die Kleinen zum Experimentieren mit den eigenen Bewegungsfähigkeiten einladen! Damit fordern die Kinder nicht nur selbst ihre Koordination und Kraft heraus. Die experimentellen Bewegungsversuche mit verschiedenen schwimmenden Objekten ermöglichen ihnen viele kleine Mutproben für das wachsende Selbstbewusstsein. Und sie bieten ihnen wundervolle sinnliche Erlebnisse über die Haut, den ganzkörperlichen Tastsinn und den Bewegungssinn. So unterstützen Schwimmspiele sehr die Bewegungsentwicklung und die Wahrnehmung von Kleinkindern.

Schwimmenlernen

Die meisten Kinder lernen heute zwischen vier und sieben Jahren schwimmen – in Schwimmkursen oder mit Hilfe der Eltern. Doch macht es in der Kindergruppe besonderen Spaß. Für die Sicherheit der Kinder am Schwimmbecken und am Meer ist es sinnvoll, dass sie sich möglichst früh mit kräftigen Schwimmbewegungen über Wasser halten können! Schulanfänger sollten eine Bahn schwimmen können.

Sinnvolle Hilfsmittel für die Wassergewöhnung und zum Schwimmenlernen sind der Brustgürtel und Schwimmbretter. Beide Schwimmhilfen bringen die Kinder in die ideale Wasserlage. Schwimm-flügel sind bei Sportpädagogen relativ unbeliebt. Nur der Brustgürtel ermöglicht die optimale Bewegungsfreiheit der Arme. Mit Hilfe des Brustgürtels und eines Schwimmbretts erlernen bereits Kinder ab dreieinhalb Jahren die Arm- und Beinbewegung des Brustschwimmens einzeln, zunächst voneinander getrennt. Ich nenne sie die »Froschbeine« und die Armbewegung die »Rakete«. Später verbinden sie beide Bewegungen mit Hilfe eines Erwachsenen, z.B. indem dieser mit seinen Händen an den Unterschenkeln den Bewegungsrhythmus der Beine passend zu den Armbewegungen vorgibt.

Empfehlenswerte Schwimmkurse

Halbjährige Kurse oder weiterlaufende Angebote in Sportvereinen lassen den Kindern viel Zeit zum Miteinanderspielen im Wasser. Mit Hilfe lustiger Wasserspiele gewöhnen sich auch Zweijährige schnell an das nasse Element, an seine Auftriebskraft und Instabilität. Rasch verlieren sie die Angst vor der Wassertiefe. Der Auftrieb des Wassers ermöglicht eine freie Arm- und Beinbewegung. Deshalb fördern abwechslungsreiche Bewegungsspiele im Wasser und das Schwimmen die ganzkörperliche Gewandtheit und Muskulatur auf harmonische, ausgeglichene Weise. Zum Schwimmenlernen empfehle ich gerne so genannte »Inten-

sivkurse«. Sie werden in Schwimmbädern parallel zu den halbjährigen Kursen angeboten und beinhalten zehn Schwimmstunden innerhalb von drei oder vier Wochen. Für die kurze Zeit müssten Sie Ihren Wochenplan umstellen, doch sind die Intensivkurse immer sehr erfolgreich. Die Kinder bauen in jeder Übungsstunde sichtbar auf dem Können der vorhergehenden Stunde auf.

Drei sichere Schwimmhilfen

Die klassischen Schwimmflügel haben Konkurrenz bekommen: Schwimmscheiben, Brustgürtel und Schwimmbretter sichern Einjährige bis Schulanfänger individueller ab.

Die Anzahl der nötigen *Schwimmscheiben* hängt vom Gewicht und den Schwimmfähigkeiten eines Kindes ab.

Der *Brustgürtel* mit fünf einzeln herausnehmbaren Schwimmelementen bringt Kleinkinder in die perfekte Schwimmlage. Er bietet sich für Kinder ab zwei Jahren an. Abzuraten ist von den Schwimmsitzen. Sie lassen den Kindern keinerlei Bewegungsfreiheit. Die Kinder hängen nur in ihnen und frieren rasch. Sicherheitshalber sollten Sie sich im Becken immer neben ihrem Kind mitbewegen, es nie aus den Augen lassen.

Schwimmbretter aus Leichtschaumstoff sind stabil und weicher als die harten Plastikbretter. Auch wenn die Kinder ihre Bretter aus dem Wasser hochschnellen lassen möchten, werden sie sich nicht wehtun. Mit unserer Hilfe können sie die Bretter beidhändig von außen festhalten, sowohl in Rückenlage vor dem Bauch als auch in Bauchlage vor dem Kopf.

Legen Sie kleine Kinder mit der Brust auf das Brett. Dabei halten Sie die Kinder von oben am Rücken und das Brett von unten dagegen drückend fest. Schieben Sie die Kinder, z.B. als Boote,

Surfer oder Schildkröten, durch das Wasser. Schwingen Sie die Kinder samt Bretter auch in die Rückenlage, halten sie dort mit einer Hand unter dem Becken und mit der anderen unter dem Nacken. Geübte Kinder schwimmen auch später noch gerne mit Halt an einem Brett. Sie strampeln dann kräftig, üben den Beinschlag oder schweben in Rückenlage im Wasser, während sie sich das Brett selbstständig vor die Brust halten.

Schwimmflügel ausprobieren

Schwimmflügel ermöglichen Selbstständigkeit und neue Wassererfahrungen mit einem gewissen Abstand zu einem Erwachsenen. Anfangs sollten Kinder sie nur zehn bis zwanzig Minuten tragen. Ansonsten erfahren sie ein falsches Sicherheitsgefühl im Wasser. Außerdem schränken Flügel den Einsatz der Arme stark ein.

Zweijährige geübte Kinder können bereits mit ihren Flügeln an den Armen aufrecht im Wasser schweben, den Kopf hochhalten und sich sicher ausbalancieren. Viele strampeln dann rasch von den Eltern weg. Das macht sie selbstbewusst und zunehmend mutiger. Obacht: Die Kinder nie aus den Augen lassen, immer in Reichweite bleiben!

Am Beckenrand festhalten

Zur Sicherheit sollten Kleinkinder üben, am Beckenrand Spielsachen zu ergreifen, sich dann später mit sichernden Schwimmflügeln selbst am Rand festhalten oder gar hochziehen.

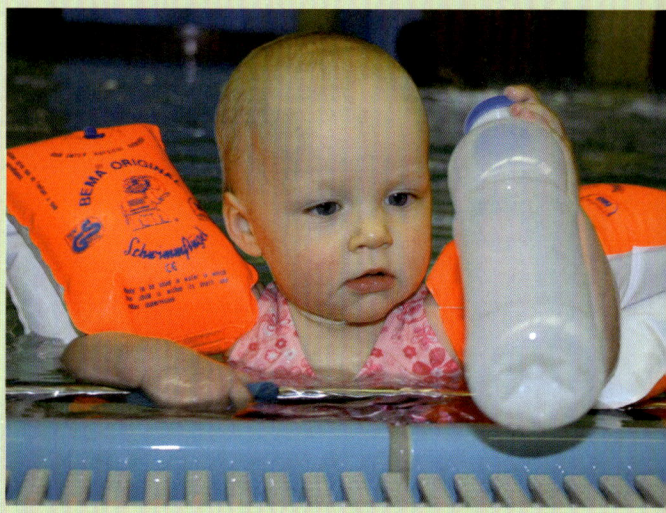

Beine aktivieren

Lehnen Sie Ihr Kind mit seinen Schulterblättern gegen Ihre Brust, so dass es seine strampelnden Beine sehen kann, und necken seine Knie und Zehen mit einem runden Spielzeug, z.B. einer Plastikflasche.

Schwimmscheiben für Kleinkinder

Diese Armringe tragen Kleinkinder genauso sicher im
Wasser wie Schwimmflügel. Sie behindern die Armbewegungen der Kinder weniger, da sie reduziert werden
können, von drei Ringen pro Oberarm auf einen, sobald
sich die Kinder durch zunehmend kraftvolle Armbewegungen über Wasser halten können.

Wasserauftrieb spüren

Der Auftrieb des Wassers ermöglicht Kindern freie
Arm- und Beinbewegungen. So fördert das Spielen und
Sichfortbewegen im Wasser die ganzkörperliche Koordination und Muskulatur. Die Kinder drehen sich gerne
um die Längsachse, schlagen später Purzelbäume. Sie
legen die Waden auf den Beckenrand und schweben
auf der Wasseroberfläche.

Tauchen

Auch das Untertauchen ist mit kleinen Kindern gut
möglich, wenn sie langsam herangeführt werden und
die Luft anhalten: Ganz behutsam sinken Sie Arm in
Arm mit Ihrem Kind senkrecht ab, anfangs bis zur
Nase, später Kopf unter. In flachen Becken getrauen
sich Kinder schneller alleine unterzutauchen und sich
wie Fische voranzuschlängeln. Steine aufheben
macht allen Spaß und lenkt sie von der Tiefe des
Wassers ab.

Bunte Plastikstäbe

Kleinkinder können die schmalen Plastikstäbe sehr gut
ergreifen und sich beidhändig festhalten. Sie lassen
sich gerne an ihnen durchs Wasser ziehen. Man-
cherorts können Sie Schaumstoffpolster zum Feststecken und Stabilisieren der Stäbe nutzen. Dann toben
die Kinder an ihnen.

Wer einmal erfahren hat, wie schön es ist, sich ausdrucksvoll zu Musik zu bewegen, den Rhythmus in den Füßen und eine Melodie im Kopf zu spüren, wird immer tanzbegeistert bleiben. Jungen wie Mädchen entwickeln bereits mit vier Jahren beim Tanzen eine enorme Leidenschaft für Musik, rhythmische Bewegung und den eigenen Körperausdruck. Fantasievolles Tanzen fördert die Bewegungsvielfalt und die Kreativität der Kinder! Sie können sich selbst, echte oder fantastische Figuren darstellen. Sie nutzen ihre Mimik und Gestik. Tanzspiele mit verschiedenen Objekten wie Stäben, Tüchern, Servietten, Bändern etc. gehören ebenso zum Tanzen wie das selbstständige Erproben neuer Bewegungen und das Üben von kurzen Bewegungsabläufen.

Kreatives Tanzen macht klug. Es ist bereits mehrfach angeklungen: Das Lernen von vielseitigen Bewegungen erleichtert später das abstrakte Lernen. Gerade der Tanzunterricht kann Kindern dafür vielseitige Stimulation bieten. Er schafft Gelegenheiten viel zu spüren, zu experimentieren, zu gestalten, sich zu konzentrieren und zu bemühen.

Das Alter und die Vorlieben der Kinder sollten die Wahl der Musikstücke, der begleitenden Instrumente, der Materialien, der Fortbewegungsarten, der Gesten und Tanzschritte mitbestimmen. Beobachten Sie die jeweiligen Kinder zuvor beim Spielen mit ähnlichen Materialien. Sind sie experimentierfreudig? Oder mögen sie lieber die Bewegungsideen anderer nachahmen?

Beim Tanzen können Sie die persönlichen Vorlieben der Kinder gut nutzen. Sie entscheiden gerne mit über die Wahl der Musikstücke, der Instrumente, der genutzten Materialien. Sie bringen Gesten, Mimik und Tanzschritte ein und zeigen uns von selbst, welche Fortbewegungsarten ihnen dabei in den Sinn kommen. Sich seiner bewusst sein und mit einem Tanzpartner kooperieren sind wertvolle Erlebnisse, die den Kindern in jeder Unterrichtsstunde geboten werden können, so wie es die folgenden Tanzspiele zeigen.

Tanzen mit Bambusstäben

Unterschiedlich lange Bambusstäbe sind vielseitig verwendbare Tanzobjekte, die Sie auch für viele Kinder zugleich günstig besorgen können. Mit ihnen können sich Kinder schwingen, drehen, fortbewegen und verbiegen, rollen, balancieren und springen.

Zu Beginn der Tanzzeit bieten sich die kürzeren Bambusstäbe an. Die Kinder benötigen viele Bewegungsbeispiele und etwas Übung in der Handhabung dieser schmalen Objekte. Zur Sicherheit können Sie an beide Enden eines jeden Stabes eine

Knetkugel aufdrücken. So kratzen sich die Kinder nicht an den Enden, sollten sie sich einmal damit streifen.

Haben die Kinder erst einmal einige Fass- und Bewegungsmöglichkeiten kennen gelernt, so tanzen sie gerne frei improvisierend mit den Stäben oder in Bewegungsaufgaben wie den folgenden: Sie lenken das Augenmerk der Kinder auf machbare, interessante Bewegungsideen, z.B. Schwingen und Sichdrehen.

Sie brauchen als Material für die folgenden Anregungen pro Kind einen Bambusstab (60 bis 100 cm lang). Die Spiele eignen sich für 4- bis 6-Jährige, eine gute Spieleranzahl sind zwei bis 10 Kinder.

Schwingen und Sichdrehen

Die Stäbe werden anfangs beidhändig breit gefasst, da Kindergartenkinder sie so am sichersten führen und bewegen können. Schwingen sie ihre Stäbe zur Körperseite oder über Kopf, so leitet dies geschickt Drehungen um die eigene Achse ein. Wiederholen Sie mit den Kindern z.B. diesen Ablauf und sprechen dazu: »Schwingen ... und sich drehen ... stabil stehen!«

Stäbe lang schleudern

Die Kinder üben sich darin, stabil zu stehen und dabei den Stab einhändig an einem Ende fest zugefasst zu schleudern. Achten Sie auf großen Abstand der Kinder, damit sie sich nicht gegenseitig berühren. Zeigen Sie die Schleuderbewegung des Handgelenks zuerst langsam, so dass sich die Kinder von langsam geführten Bewegungen bis zum Schwingen und Schleudern steigern.

Stab rotieren lassen

Geschickte Fingerspitzen lassen den Stab um seine Mitte rotieren. Die Kinder entdecken durch Ausprobieren, wie sich die Finger miteinander bewegen müssen.

Lustige Haltepositionen

In bodennahen Positionen klemmen die Kinder den Stab mit verschiedenen Gliedmaßen fest, z.B. im Sitzen, Liegen, Knien, rücklings abgestützt.

Geschickte Beine

Wie können Kinder im Liegen den Stab auf ihre Fußsohlen, Schienbeine oder Waden legen und ihn dort zehn Sekunden balancieren, ohne dass er herabfällt?

Freies Tanzen zu Musik

Spontanes Tanzen zu schwingender Musik im mittleren Tempo ist allen, nun mit vielen Ideen ausgestatteten Kindern möglich und macht viel Spaß. Die Kinder dürfen die zuvor kennen gelernten Tanzideen nutzen und miteinander kombinieren sowie neue erfinden.

Formen mit dem Körper darstellen

Zwei bis drei Stäbe werden am Tanzboden zu einer Form gelegt, z.B. zu einem L, V, X oder Y oder T. Die Kinder erhalten die Bewegungsaufgabe, diese Form mit dem Körper darzustellen. Beobachtende Kinder können die Ideen der anderen Tänzer aufgreifen. Mit der Zeit beziehen sie immer mehr Körperteile in ihre Darstellung mit ein.

Tanzen mit Profis

Auf der Suche nach einer für kleine Kinder spezialisierten Tanzpädagogin sollte die angebotene Bewegungsvielfalt, eine altersgerechte Musikauswahl und ein sensibler Sprachgebrauch, Spaß und viel Sinnlichkeit beim Sichbewegen entscheidend sein, nicht ein bestimmter Tanzstil! Ich meine, bis die Kinder etwa acht Jahre alt sind, sollten sie vor allem mannigfaltige Bewegungserfahrungen mit und ohne Objekten sammeln können und nicht vorrangig stilgebunden und somit eingeengt tanzen müssen.

Das Kursangebot an professionell geleiteten Tanzstunden beginnt vielerorts mit dem »kreativen Kindertanz« oder der »tänzerischen Früherziehung« für drei- bis vierjährige Mädchen und Jungen. Diese Kursangebote für die kleinen Kinder sind häufig noch nicht an einen Tanzstil gebunden. Zum Glück! Hier spielen und experimentieren die Kinder mit den eigenen körperlichen Fähigkeiten, mit Partnern und in manchen Tanzkursen mit verschiedenen Materialien.

Grundschulkinder können später zwischen den stilgebundenen Tanzarten auswählen, zwischen Jazz-Dance, Street-Dance, Ballett, Hip Hop, orientalischem Tanz, Paartanz, Steptanz, Afro, Karnevaltruppen und vielen Tanzarten mehr. Damit die Kinder möglichst schnell die für den Tanzstil typischen Basisschritte und Körperbewegungen erlernen, wird dann fast ausschließlich nach Art des Vormachens/Nachmachens unterrichtet.

Der kreative Elementare Tanz zählt zu den modernen Tanzweisen, ist jedoch durch seine Stilungebundenheit nicht auf eine spezielle Technik festgelegt. Er ist eine künstlerische und pädagogische Konzeption, entwickelt durch die Choreografin und Pädagogin Maja Lex. Ausgehend von elementaren Bewegungsformen wie Gehen, Rollen, Federn und Springen erweitert der Elementare Tanz das schlummernde Bewegungsrepertoire jedes Kindes. Die Kinder lernen rasch, einfache Rhyth-

men in Bewegungen nachzuvollziehen. Sie drücken sich im Tanzen aus – ihre Persönlichkeit und Gefühle, ihre Wünsche und ihre Bewegungserfahrung.

Für den Beobachter interessant: Schon rasch getrauen sich die Kinder »frei«, nach eigenen Wünschen zu tanzen. Und sie tanzen von Musikrichtung zu Musikrichtung verschieden.

Tanzideen für Bewegungsstunden und Feste

Wenn Sie mit Ihren Kindern tanzen möchten, fangen Sie doch gleich an – im Wohnzimmer, im Bewegungsraum oder noch schöner mit einer kleinen Kindergruppe im Garten. Mit Tüten, Stöcken, Zeitungspapier, Servietten und Kreppapierbändern an kurzen Stäbchen tanzen auch Jungen gerne. Größere Stoffreste, alte Tischdecken, Hals- oder Jongliertücher faszinieren. Sie sind kuschelweich und reißfest zugleich. Mit ihnen können Kinder wunderbar tanzen, toben, gestalten und entspannen. Verschiedene Tücher finden sich in jedem Haushalt und können ohne Aufwand überall mit hingenommen werden.

Zu stimmungsvoller Musik aus einem Rekorder fällt der Einstieg besonders leicht! Motivieren Sie die Kinder, nach eigenen Wünschen mit dem Spielobjekt »Kunststücke« zu erfinden – oder über eine abgegrenzte Spielfläche kreuz und quer zu laufen, ohne einander zu berühren. Bewegungshungrige Kinder entdecken von sich aus die Fortbewegungsarten. Sie hüpfen, springen und galoppieren im Pferdchengalopp. Sie krabbeln oder rollen im Gras, spielen fantastische Figuren nach. Welche Armbewegungen sind mit dem Spielobjekt möglich? Welche Person oder welches Tier könnte man mit dem Material darstellen?

Wer eine schöne Idee hat, kann sie gerne vormachen. Das motiviert, macht stolz und immer mehr Lust zu tanzen.

Tanzspiele mit Plastiksäcken

Unterschiedlich große gelbe, grüne, blaue Plastiksäcke sind ungewöhnliche Tanzobjekte und gerade deshalb faszinieren sie die Kinder. Dabei können sie die riesigen und dabei weichen Plastiksäcke und auch sich selbst mit ihnen ideenreich bewegen.

Keine Angst vor der Gefahr des Überstülpens der Säcke über die Kinderköpfe. Vor dieser Gefahr warnen Sie gleich zu Beginn der Tanzzeit! Sprechen Sie dazu ein deutliches Verbot aus und zeigen, dass nur Arme und Beine in die Tüten geschoben werden dürfen.

Die Kinder können die Plastiksäcke ziehen, balancieren, schleudern, werfen, kicken und anstupsen. Suchen Sie anfangs unterschiedliche Bewegungsideen mit den Kindern. Dabei können Sie sich an den Griffmöglichkeiten orientieren. Wie kann die Tüte beidhändig gefasst und wie damit bewegt werden? Welche Schrittarten bieten sich vor- und rückwärts dafür an? Wie kann die Tüte einhändig gefasst werden? Wie bewegen die Kinder die Tüte, damit Luft in sie einströmt und sie aufplustert? Wie herum muss man sie halten, damit sie platt als große Fläche (Viereck) oder schmal und lang als Rakete durch die Luft fliegt?

Für die folgenden Spielideen braucht jedes Kind einen Tanzsack. Geeignet sind sie für zwei bis zehn Kinder ab 5 Jahren.

Laufen und Stoppen

Mit der Tüte in den Händen laufen und stoppen die Kinder erst im Kreis, dann durcheinander im abgegrenzten Feld auf Zuruf (oder auf das Stoppen einer Musik vom Band).

Erste Tanzideen erproben

Teilen Sie die Kindergruppe in zwei Hälften, so können die beobachtenden Kinder von den tanzenden Bewegungsideen übernehmen! Das motiviert sie ungemein und bringt Stimmung und eine enorme Bewegungsvielfalt in den Tanzraum.

Volle Tüten – schmale Tüten

Beidhändig gefasst kann Luft in die Tüte gezogen werden. Sie plustert sich dann dick auf, kann gut um den Körper herumgeschwungen oder hochgeworfen werden. Die Luft entweicht der Tüte im freien Flug oder wenn die Kinder am verschlossenen Ende der Tüte ziehen.

Beine rein, Kopf raus!

Die Beine und Arme dürfen in den Plastiksack gesteckt werden. Das sieht lustig aus und macht Kindern im Liegen, Sitzen und Stehen Spaß. Der Kopf muss natürlich immer draußen bleiben!

Schneebälle formen und werfen

Die Kinder knüllen die weicheren Tüten fest zu kleinen Kugeln. Da sie recht stabil ihre Form behalten und dennoch leicht sind, können kleine Kinder sie geschickt werfen, fangen und auf verschiedenen Körperteilen balancieren.

Große Plastikbälle

Prall gefüllte Plastiksäcke an der Öffnung mit beiden Händen zügig zupackend verschließen. Die fest gehaltene Öffnung mehrmals zudrehen, binden oder verknoten. So entstehen weiche, instabile Plastikbälle, die die Kinder liebend gerne auf verschiedenen Körperteilen balancieren, tragen, die sie anstupsen, überspringen und hochwerfen.

Verkleiden und improvisieren

Jedes Kind kann sich mit zwei Tüten einkleiden, diese als Rock oder Umhang in seine Kleidungsstücke einklemmen. So verkleidet tanzen sie zum Abschluss der Spielzeit gerne frei umher. Sie kombinieren alle Fortbewegungsarten und Bewegungsideen mit den Plastiksäcken, die sie kennen und mögen.

Mathematische Erfahrungen in Bewegungsspielen

Schon kleine Kinder machen beim Spielen und Sichbewegen vielfältige mathematische Vorerfahrungen. Sie formen Materialien oder legen und bauen sie in großräumige Muster. Sie erfassen die grundlegende räumliche Ordnung, z.B. wenn sie auf unsere Anfrage Tücher hoch oben durch die Luft schwingen und im Gegensatz dazu anschließend tief unten, dem Boden nahe. In Wettspielen oder beim Tanzen bewegen sie sich bewusst »nach vorne, zurück, zu den Seiten, in einem Kreis« oder »auf Schlangenlinien«. Kleine Kinder häufen verschiedene Mengen von unterschiedlichen Objekten an. Sie beginnen zu zählen, vergleichen die Mengen und Größen. Schon bald haben sie eine Vorstellung davon, was Begriffe wie »mehr« und »weniger«, »ein paar«, »viele«, »unendlich viele« bedeuten. Sie vergleichen auch Bewegungs-Weiten und Bewegungs-Zeiten, wenn sie beispielsweise um die Wette laufen, möglichst schnell Gymnastikbälle rollen oder Servietten transportieren. Auch in der Mathematik beruht die kreative Leistung eines Kindes auf seinen Spielerfahrungen!

Beim Spielen, Toben und Bauen mit Gegenständen testet ein Kind verschiedene Herangehensweisen an Probleme. Es findet – mit oder ohne unsere Hilfe – neue Lösungswege und Gestaltungsmöglichkeiten. Es braucht nur die Gelegenheiten dazu. Es braucht Zeit, Raum und Ruhe für eigene Erfahrungen. Als Spielobjekte bieten sich Haushaltsmaterialien wie z.B. bunte Plastikbecher, -schalen, -flaschen, Dosen, Servietten, Löffel, kleine Holzstäbe und Naturmaterialien an.

Kleine Kinder können im Alltag und in Bewegungsspielen immerzu praktische arithmetische oder geometrische Erfahrungen sammeln. Alle Kinderspiele können mit ordnenden Strukturen, also mit Formen oder Zahlen verbunden werden. Gut ist es, wenn Eltern und Pädagogen das Augenmerk der Kinder hin und wieder auf verschiedene mathematische Inhalte lenken. Das macht sie ihnen bewusster.

Neue Anforderungen

Die neuen Bildungspläne der Länder für den Kindergarten und die Grundschule fordern mehr praktische Spielerfahrungen zu einzelnen mathematischen Schwerpunkten. Mathematik soll zwar nicht in den Kindergarten vorverlegt werden, aber durch Körpererfahrungen vorbereitet werden. Es ist erstaunlich, dass Vorschulkinder bereits alle mathematischen Kenntnisse der ersten Schulklasse in der Spielpraxis erfahren können, wenn sie in der Kindergartenzeit vielfältig gestalten und sich bewegen lernen.

Das kann z.B. so aussehen: Wir bitten die Kinder in aufeinander folgenden Bewegungsstunden sich unterschiedlich aufzustellen: Entweder gleichmäßig weit voneinander entfernt. Oder alle in einer Reihe nebeneinander stehend. Oder paarweise einander gegenüber stehend. So erfassen sie über diese Bewegungserfahrung fast nebenbei räumliche Strukturen.

Später werden sie solche Erfahrungen als Grundschüler im Unterricht auch rein gedanklich in einem imaginären Raum nachvollziehen können. Das ist mehrjährigen Stubenhockern nicht möglich! Ohne solche praktischen Vorkenntnisse kann kein Kind abstrakt mit Mengen, Größen, Zahlen, Formen und Raumwegen umgehen! Es muss die Körpererfahrungen dann in der Schulzeit schnellstmöglich nachholen.

- Erste Mengen, Größen, Längen einschätzen. Mit Sprung- und Wurfweiten, Geschwindigkeiten, Entfernungen und kurzen Längen, mit Geldstücken (1 Euro, 50 Cent, 10 Cent) umgehen. Erste Zeitspannen bewusst wahrnehmen.

- Zahlen mit kleinen Mengen bis 10 in Verbindung bringen. Kleine Zahlen vergleichen (2 > 4). Zählen üben, erst vor- und rückwärts bis 5, dann bis 10 oder 20.

- Räume und Ebenen beim Spielen wahrnehmen. Körperschema an sich selbst (z.B. im Spiegel) oder an anderen Kindern kennen lernen. »Wo ist was« vom eigenen Standort aus gesehen – vorne, oben, hinten, rechts, links? Wo befinden sich zwei Objekte in Bezug zueinander, z.B. der Stuhl hinter dem Tisch. Gerade und kurvige Wege durch den Raum, auf dem Boden oder dem Papier. Vierjährige beginnen Richtungen, Formen und Lagebeziehungen mit uns zu benennen.

- Einfache Formen und Muster sehen und selbst gestalten. Formen auf dem Boden oder Papier und später im Raum erkennen, z.B. Viereck, Kreis, Schnecke, Zick-Zack. Formen und Muster mit dem ganzen Körper in Bewegungen durch Räume und über Wiesenflächen kennen lernen, z.B. in Laufspielen oder an Bewegungsstationen. Im Spiel mit Materialien immer wieder neue Strukturen auf den Boden legen, zusammenbauen oder auf Papier malen.

- Eine Beziehung zur sachlichen Umwelt entwickeln. Heranführung an naturwissenschaftlich-logisches Denken.

Moderne Mathematik heißt entdeckend lernen. Heute können und sollen Erstklässler mathematische Lerninhalte handelnd »be-greifen«. Dies können Pädagogen und Eltern auch in Bewegungsspielen zur mathematischen Vorbildung bereits im Kindergartenalter umsetzen. Die Methode des modernen Mathematikunterrichts ist das »aktiv entdeckende Lernen«. Beim Lernprozess hilft das Spielen und Sichbewegen mit Materialien dabei, abstrakte Bilder von der Wirklichkeit in den Kopf zu bringen. Zuerst müssen die Kinder wiederholt Materialien an reellen Orten abgelegt und neu kombiniert haben, dann erst können sie diese Handlung auch im Geiste nachvollziehen. Sie bewegen sich dann in ihrer Vorstellung in einem imaginären Raum. Sie wiederholen tatsächliche Handlungen abstrakt denkend. Aus Handlungen entwickeln sich so gedankliche Bilder!

Mit viel Eigenaktivität lernen schon kleine Kinder die Bedeutung von Mengen, Zahlen, Zeiten, Größen und Richtungen im Raum kennen. Dies geschieht aber immer in ihrem Tempo und nach ihren Vorlieben. Unterstützen wir sie darin! Lenken wir ihre Aufmerksamkeit auf mathematische Phänomene. Dann werden sie schon lange vor dem Matheunterricht in der Schule neugierig und sensibel für die Anordnungen in ihrer Umwelt.

Es folgen nun Spielbeispiele für kurzweilige Geschicklichkeits- und Denkaufgaben, die Sie zu Hause und im Kindergarten einzelnen Kindern oder Kleingruppen anbieten können.

Für Kinder zwischen drei und fünf Jahren bieten sich pro Spielstation ein bis vier Mitspieler an.

Muscheln aufreihen und zählen

Material: Muscheln, Kastanien, Würfel, Steine, Zapfen o.ä.

Einfache Aufgaben mit kleinen Materialien zum Zählen, Ordnen nach Größen oder zum Formenlegen sind Kindern im Freien oder in Räumen ohne viel Aufwand möglich. Sie können z.B. Muscheln auf einer Geraden, einem waagerechten Ast aneinander reihen und zählen. Sie sortieren sie gerne nach Form und Größe in Gruppen. Auf der Wiese, einem Brett oder Tisch legen sie die Naturmaterialien in Kreise, Sterne, Spiralen.

Merk dir die Zahlenfolge!

Material: 10 Karten oder Pappstücke, Wasserfarbe, Pinsel

Haben Kinder mit Wasserfarbe große Zahlen von 1–10 auf Karten gemalt, so legen sie die Karten hintereinander auf den Boden, gehen auf ihnen vor- und rückwärts, ohne den Boden zu berühren. Können sie sich anschließend erinnern, welche Zahlen sie überschritten haben? Pro Durchgang können drei weggenommen werden! Welche? Das sollen die Kinder am Ende der Reihe erraten. Wer kann sich eine komplette Zahlenfolge von 5 oder 7 Zahlen merken und aufsagen?

Fühlsack

Material: Stoffsack oder Kissenhülle, kleine Materialien in kleinen Mengen

Die Kinder erfühlen in einem Stoffsack wie viele Wäscheklammern, Muscheln und Nüsse in ihm liegen. Daraufhin werden diese ausgeschüttet und nachgezählt.

Knopfkissen

Material: Kleines Kissen oder Linsensäckchen mit aufgenähten Knöpfen

Mit geschlossenen oder verbundenen Augen zählen die Kinder mit den Fingern tastend die auf der Vorder- und Rückseite des Kissens aufgenähten Knöpfe. Meistens nennen sie die Anzahl der Knöpfe auf jeder Seite. Zählen sie später alle Knöpfe sehend nach, so haben sie eine einfache Addition von zwei Mengen vor Augen.

Knöpfe auffädeln

Material: Plastik- (Scoubidu-) oder Lederbänder, Knöpfe, Perlen

Auf feste, dünne Bänder können selbst kleine Kinder mit ihren Händen geschickt Knöpfe und Perlen in beliebiger Reihenfolge auffädeln. Am Ende halten sie eine herrliche Kette in den Händen, an der sie die Anzahl der Knöpfe gleicher Farben erst schätzen, dann zählen

Diese Zahlenkarten zeigen Kinder auch gerne einzeln hoch, wenn sie anderen eine Bewegungsaufgabe stellen dürfen, die diese dann entsprechend oft wiederholen müssen, z.B. fünfmal im Hampelmann springen oder sich dreimal im Kreis drehen.

Zahlen ausrufen

Material: Zahlenkarten von 1–10, 1 Wasserballon

Ein Wasserballon wird von oben auf einen Haufen von Zahlenkarten fallen gelassen. Auf welche Zahl fällt er herab oder bleibt er liegen? Kleinkinder lernen so die ersten Ziffern kennen, Vorschulkinder und Erstklässler können immer zwei Trefferzahlen zusammenzählen.

und benennen können. Viele Vierjährige können bereits die Menge zweier Farben zusammenzählen.

Vierecke und Kreise in der Umgebung

Material: Rechteckige und kreisförmige Objekte im Umfeld

Fragen Sie Kinder entsprechend der in nächster Umgebung vorhandenen Formen nach Vierecken (z.B. Fenster, Tücher, Leitersprossen) oder nach Kreisen (z.B. Räder, Bälle, Teller). Suchen Sie gemeinsam möglichst viele Objekte. Die Kinder streichen mit den Händen über die Außenseiten der Objekte, die jeweilige Form in ihrem Grundriss ertastend.

Klötze stapeln, zählen und formen

Material: Kleine Klötze, Würfel aller Art

Sammeln Sie viele Holz-, Plastik- und Puzzleklötze. Diese stapeln und reihen Kinder gerne in fantasievolle dreidimensionale Formen. Sprechen Sie darüber, an welchen Stellen z.B. eine gebaute Burg oder Pyramide rund und viereckig ist, wo die Klötze »gerade aneinandergereiht« liegen, »kurvig« oder »um Ecken«.

Moosgummizahlen

Material: Fertige Moosgummizahlen kaufen oder aus Moosgummiplatten (im Bastelgeschäft) ausschneiden

Die weichen, griffigen Zahlen aus Moosgummi befühlen und betrachten Kinder gerne. Sie können sie später blind ertasten und erraten, sie in der Badewanne auf die Kacheln kleben, z.B. in der Zahlenfolge der eigenen Hausnummer und Telefonnummer.

Abwechslungsreiche Bewegungsspiele mit Dosen und Plastikflaschen ermöglichen nicht nur eine vielfältige Anregung der kindlichen Koordination, sondern bieten auch viele Gelegenheiten für wertvolle arithmetische und geometrische Erfahrungen.

Die Anordnung der folgenden Spielbeispiele ist relativ beliebig. Wichtig sind nur ein paar Merkpunkte zur sinnvollen Reihenfolge der Spiele bzw. Gestaltung einer Spielstunde:
Zählaufgaben müssen wie die Anregungen zum Formen dem Entwicklungsstand der Kinder entsprechen. Am besten wählen Sie die Aufgaben für ein Kind oder für eine Kindergruppe je nach deren koordinativen Fähigkeiten aus. Die mathematischen Inhalte suchen sich die Kinder je nach Entwicklungsstand selbst. Je nach bisheriger Erfahrung werden sie von alleine die Mengen schätzen, die Anzahl der genutzten Materialien zählen, sie formen und beim Spielen durch den Raum bewegen. Kennen Sie die Kinder gut, so können Sie geschickt Aufgaben bezüglich der Koordination oder Zahlenkenntnisse vom Leichten hin zum Schweren gehend auswählen.
Berücksichtigen Sie in Ihrer Planung, wie viele Spielstationen Sie bereits vorab für wie viele Kinder auf einer Wiese vorbereiten und vielleicht schon aufbauen möchten. Eine Mischung aus fertig aufgebauten Spielstationen und nur vorbereiteten Mengen an Materialien, die auf einem Haufen liegend noch mit den Kindern angeordnet werden sollen, motivieren ungemein!
Die Spielfolge sollte bewegungsruhige Entspannungsphasen für den Körper beinhalten. Möchten Sie das Zählen unterstützen oder Kindern die Schreibweise der Zahlen wiederholt ins Gedächtnis rufen, so ist es wichtig, dass sie zwischendurch ruhig werden und sich darauf konzentrieren können.
Tipp: Beginnen Sie rechtzeitig mit dem Materialsammeln. Schön sind z.B. viele gleich große Wasserflaschen in Blau und Grün. Blechdosen sehen hübscher aus, wenn die Kinder sie vorher bunt bemalen. Die scharfen Kanten mit Kreppband abkleben!

Für Kinder zwischen drei und fünf Jahren bieten sich pro Spielstation ein bis vier Mitspieler an.

Vorhang auf, Rechenkünstler!
Material: 4 Dosen pro Kind, 2 Tücher am gespannten Seil
Die Kinder probieren aus, wie viele Dosen sie in einer Hand übereinander gestapelt balancieren können, 2, 3 oder 4? Dann legen sie 2, 3 oder 4 Dosen eng nebeneinander auf die Wiese, drücken sie in einer Reihe fest zusammen und heben sie so gedrückt an. Damit kommen sie durch den Vorhangsstoff hervor.

Formen nachlegen

Material: Mind. 10 Dosen oder Plastikflaschen

Die Kinder legen oder stellen Flaschen oder Dosen in
die Form eines Windrads, einer Wippe oder Schaukel
auf die Wiese. Vorschulkinder gestalten gerne Tierkör-
per nach, z.B. eine Schlange oder eine Ameise.

Dosenreihen

Material: Mind. 10 breite Dosen

Mit Halt an einer Hand lässt es sich sicher über die
Reihe der Dosen gehen. Kennen die Kinder die Zahlen-
reihe 1 – 10, so können sie Schritt für Schritt laut mit-
zählen. Verändern Sie anschließend die Länge der
Reihe, indem Sie Dosen zur Seite räumen, so sehen
kleine Kinder von Mal zu Mal, wie kurz oder lang eine
Reihe von 4, 6, 9 oder 12 Dosen aussieht. Benennen
Sie jeweils die Anzahl der genutzten Dosen.

Kreise und Schnecken

Material: Mind. 10 breite Dosen

Legen die Kinder viele Dosen erst in einen Kreis und
dann in eine Schneckenform mit einem Anfang und einem Ende, so sehen sie: Beides sind Kreisformen!
Doch beim richtigen Kreis können sie unaufhörlich weiter schreiten und die Dosen weiter zählen, während die
Schnecke für beides ein Ende vorgibt.

Schloss aus Flaschen und Dosen

*Material: Viele Dosen, große und kleine Plastikflaschen,
kleine Figuren*

Die Mauern und Türme dieses Schlosses gestalten die
Kinder aus Dosen, großen und kleinen Plastikflaschen.
Püppchen aus Puppenhäusern und Playmobil erweitern
den Spielspaß. Fast nebenbei werden die einzelnen
Materialien in ihrer Anzahl geschätzt und dann gezählt.
Sprechen Sie gemeinsam über die Formen, Kreise,
Rechtecke, Schlangenlinien am Schloss. Und fragen
Sie: »Wo befindet sich der weiße Turm?« – Die Kinder
beantworten die Raumfragen von ihrem Standort bzw.
Blickpunkt aus: »Hinter der …, rechts vom …!«

Lauf- und Sprungbahnen formen

Material: Viele große Plastikflaschen, Wasser

Gefüllte Flaschen als Lauf- und Sprungparcours hinter-
einander im Slalom durchlaufen, das macht allen Kindern
Spaß. Beim Aufbauen bestimmen sie selbst, wie groß
der Abstand zwischen den Flaschen sein soll und wo der
Weg entlangführt. Es entstehen kurvige Raumwege zum
Gehen, Laufen, Hüpfen: vor-, seit- und rückwärts!

Kleine Baustationen

Material: Viele Dosen, große und kleine Plastikflaschen

Die Kinder gestalten zu zweit oder zu dritt kleine eigene
Bauten aus Dosen, großen und kleinen Flaschen.
Diese Materialien liegen in größeren Mengen für die
Kinder auf einem Haufen bereit. Benennen Sie nun bestimmte kleine Mengen, die die Kinder pro Material für
ihren Bau nutzen dürfen, z.B. »Jeder nimmt sich für
sein Bauvorhaben 3 große Flaschen, 3 kleine Flaschen
und 4 Dosen«.

Bälle vorantreiben

*Material: Viele große Plastikflaschen, 3 kleine Bälle,
Seil oder Stab*

Nun gilt es, einen kleinen Ball mit einer langen, leeren
Plastikflasche um die aufgestellten Hindernisse voranzu-
treiben – bis über eine Ziellinie, ein Seil oder einen Stab.

Ballons oben auf

Material: Dosen und kleine Ballons

Ein Tast- und Gleichgewichtsspiel für geschickte Hände
und kühle Köpfe: Jedes Kind kann so viele Ballons auf
seinen selbst gebauten Dosenturm legen, wie es ihm
behutsam stapelnd möglich ist. Bitte die Dosen und
Ballons zählen. Besteht ein Turm aus zwei oder drei
Reihen übereinander? Wie viele Dosen sind es pro
Reihe?

Mathe spielen!

Kinder erfahren in Bewegungsspielen immer mehrere dieser mathematischen Inhalte gleichzeitig. Spielen sie z.B. mit Stäben, so erfassen sie im praktischen Tun deren unterschiedliche Längen und Durchmesser, deren Anzahl und Gewichtsunterschiede. Die Kinder laufen mit ihnen »geradeaus« auf einer Geraden oder auf kurvigen Wegen um markierte Punkte auf der Wiese. Sie hüpfen und springen auch gerne im Kreis oder im Rechteck um Bodenmarkierungen. Vorschüler könnten nach den Bewegungsspielen ihre Laufwege auf Papier zeichnen. Das Papier ersetzt die Wiese als Bewegungsebene. Die Bewegungen der Kinder werden dann als gerade Striche, als Kreise oder Vierecke zwischen den Bäumen und Büschen des Gartens eingezeichnet. Doch zurück zum Spielen im Garten: Drei- bis Fünfjährige legen die Stäbe gerne zu Formen auf den Boden, z.B. zu einem Stern, Dreieck, Kreuz oder dem Anfangsbuchstaben ihres Namens. Sie klopfen mit ihnen rhythmisch zu Reimen auf den Boden. Sie klatschen sie gerne beidhändig gefasst paarweise in ihrer Mitte zusammen. Sie rotieren oder schwingen sie über Kopf, vor dem Bauch, neben dem Po. Sie legen sie »hinter« sich ab oder werfen sie weit »voran«.

Auch in der Schule werden später durch Querverbindungen von mathematischen Inhalten die Zusammenhänge von Mengen zu Zahlen, zu Formen und Strukturen im Blickpunkt stehen. »Vier« Becher können im »Viereck« aufgestellt werden, doch »drei« sind dafür einer zu wenig!

Es gibt viele mathematische Gesichtspunkte in einer Spielsituation. Deshalb sind die folgenden Spielreihen nicht nach einzelnen mathematischen Inhalten, sondern nach interessanten Materialkombinationen für jeweils ein bis zwei Bewegungsstunden geordnet. Es wäre nicht sinnvoll, nur Zählaufgaben oder Formenspiele aneinander zu reihen. Kinder lernen »komplex« am besten! In einer Bewegungsstunde zählen sie, erfassen Formen, Strukturen, Zeiteinheiten oder Farben. Unsere Anregungen und die Neugier der Kinder entscheiden, was sie erfahren. Sie werden die angebotenen Spielideen von sich aus weiterentwickeln – und dürfen es gerne. Kinder bleiben nicht lange bei Zahlen, wenn sie spontan Formen gestalten oder weiträumig laufen und bauen wollen!

Wasserflaschen überschreiten
Material: 12 gefüllte Flaschen

Auf gefüllten, liegenden Wasserflaschen voranschreiten, sie überkrabbeln und dabei zählen, macht Kindern wiederholt Spaß, wenn wir die Anzahl immer wieder verändern, ohne dass die Kinder dabei zusehen dürfen.
Tipp: Legen Sie später eine weiße Flasche zwischen die anderen und fragen die umstehenden Kinder: »Die wie vielte Flasche ist die weiße?«

Bauchwärts rollen

Material: 12 gefüllte Plastikflaschen

Über die Reihe der liegenden gefüllten Flaschen können Kinder schwungvoll rollen, indem sie den Körper lang strecken und sich mit den Armen voranziehen. Wie gut das auf nur 4, dann 7 oder 10 Flaschen geht, erproben sie gerne. Mit welcher Anzahl macht es ihnen am meisten Spaß?

Schläge zählen

Material: 1 leere Plastikflasche, 1 Ballon pro Kind

Aufgabe ist es, einen Luftballon möglichst oft mit einer handlichen, mittelgroßen Plastikflasche (mit Deckel ist sie stabiler) in die Luft hoch zu schlagen und die Treffer dabei zu zählen. Eine fröhliche körperliche und geistige Herausforderung, die große ebenso wie kleine Kinder begeistert.

Schlagzeug aus Dosen

Material: 8 Dosen, Plastikkiste oder kurzes Holzbrett, 2 Plastiklöffel

Vier bis acht Dosen werden auf eine Plastikkiste oder auf ein Holzbrett gestellt. Kleine Kinder klopfen mit zwei Plastiklöffeln im gleich bleibenden Grundschlag (bitte diesen vorgeben) von oben auf die verschlossene Dosenseite, z.B. auf abwechselnd immer zwei Dosen ihrer Wahl. Sie können auch dreimal (zwei- oder viermal) auf jede Dose schlagen. Vorschulkinder begleiten ihre Stimme gerne rhythmisch klopfend zu Reimen und Liedern. Schlagen Sie ihnen passende, einfache Rhythmen vor, klopfen z.B. »kurz-kurz-lang« auf zwei verschiedene Dosen.

Balancierende Spinnen

Material: Viele Dosen und leere Plastikflaschen

Rücklings abgestützt balanciert ein Kind möglichst viele Dosen und Plastikflaschen mit hoch erhobenem Bauch, die die anderen auf seine Körperteile legen oder an den Beinen festklemmen.

Salamander balancieren

(leichter für kleine Kinder als die Spinnenübung auf Seite 145)

Material: Viele Dosen und Plastikflaschen

Vorwärts im Liegestütz auf Händen und Füßen abgestützt balanciert jeweils ein Kind möglichst viele Dosen und Plastikflaschen mit hoch erhobenem Bauch, die andere Kinder auf seinen Rücken legen oder zwischen den Oberschenkeln festklemmen.

Rhythmen im Takt

Material: 1 Plastikflasche mit klingendem Inhalt pro Kind

Mit kleineren, leicht gefüllten Plastikflaschen (z.B. mit Büroklammern) schlagen Fünfjährige gerne längere Rhythmen als Echo zu unserer Vorgabe. Sie lernen dabei kurze und lange Zeitabstände kennen, wiederholen in kurzer Zeit sogar Verdoppelungen von Grundschlägen, z.B. bei »lang – kurz, kurz/lang – kurz, kurz« im ¼ Takt.

Vierjährige klopfen gerne kurze Folgen: »kurz lang – kurz lang – …« im ²⁄₄ Takt oder »lang – lang – kurz, kurz« im ¾ Takt!

Um mehr Bewegung ins Spiel zu bringen, können sie zuerst gegen die Handfläche, dann im Stehen oder Tanzen gegen Körperteile schlagen oder Pappschachteln in der zweiten Hand anklopfen.

Wiesenflächen

Material: 6 gefüllte Wasserflaschen mit Deckel, großes Springgummi

Kinder können mit einem großen Springgummi und 4–6 gefüllten Wasserflaschen größere Rasenflächen von Vierecken, Drei- oder Fünfecken auf der Wiese abstecken und deutlich sichtbar formen. Gemeinsam betrachten sie sie von verschiedenen Seiten, laufen und springen dann in ihnen, bevor sie eine neue Flächenform gestalten. Vielleicht ein schmales Rechteck zum Gummihüpfen?

Bunte Mauern gestalten

Material: Viele Dosen und 5 Ballons

Jedes Kind kann einmal eine eigene riesige Mauer aus vielen Dosen in 2-4 Reihen auftürmen und obenauf Luftballons ablegen. Die Luftballons bei Wind mit ein wenig Wasser füllen! Wie viele Dosen hat das Kind am Ende genutzt, wie viele Ballons bleiben tatsächlich obenauf liegen? Wie viele sind es noch, wenn das Kind mit Anlauf im Hochsprung über die Mauer gesprungen ist? Mit Fünfjährigen gut möglich: Dosen zu geradlinigen, eckigen Formen auf der Wiese anordnen oder dreidimensionale Formen wie Würfel und Zylinder bauen. Diese Formen früh benennen. Selbst Fünfjährige merken sie sich schnell!

Flaschenkreis als Wurfziel

Material: 10–20 Wasserflaschen, Ballons, 1 Kiste

Zwei Kinder bauen einen Flaschenkreis auf. Sie müssen sich bezüglich seines Durchmessers und des Flaschenabstands auf einen (!) runden Kreis einigen. Dies gelingt ihnen erfahrungsgemäß nur durch wiederholtes Umstellen einiger Flaschen. Dieses experimentierende Gestalten fördert das räumliche Bewegungsgefühl! Die Kinder werfen von einer Startmarkierung aus nun einen Wasserballon in die Kreismitte, zielen auf eine Kiste. Sie erhalten einen Punkt, wenn sie in den Kreis treffen, und zwei Punkte, wenn sie in die Kiste treffen. Beim Wiederholen können sie ihre Punkte zusammenzählen.

Große Anzahl schätzen

Material: Viele große Flaschen, Plastikkiste oder Karton

Wie viele Flaschen wurden kopfüber in die Kiste gesteckt? Was schätzen die Kinder? Wer lag mit seiner Schätzung am nächsten an der wahren Zahl, nachdem gemeinsam ausgeräumt und gezählt wurde? Dieses Kind darf eine neue Anzahl einräumen, ohne dass die anderen hinsehen. Dann wird neu geschätzt und gezählt. Dass dabei immer wieder Flaschen außen liegen bleiben, sehen die Kinder natürlich. Es hilft ihnen beim Schätzen der genutzten Flaschenanzahl.

Umwerfende Frisbees

Material: 10–20 Wasserflaschen, 1–2 Frisbees

Die Kinder werfen auf der Startlinie stehend mit Frisbees in den Flaschenkreis und zählen, jeder für sich, die von ihnen getroffenen, entweder nur berührten oder gar umgestoßenen Flaschen zusammen. Das Frisbee wird mit Einwärtsdrehung im Handgelenk – mit Daumen, Zeige- und Mittelfinger gehalten, wie bei der später zu lernenden, korrekten Stifthaltung. Wirft die rechte Hand ab, so steht auch der rechte Fuß in Schrittposition vorne! Nach Abwurf zeigt der Schwungarm noch einen Moment zum Ziel. So treffen die Kinder leichter!

Räumliche Orientierung

Schulanfänger brauchen eine gute Orientierung im Raum. Gut ist es, wenn sie sich bewusst vor und zurück bewegen können, von rechts nach links, hoch und runter und diagonal in die Ecken eines rechteckigen Raumes. Sie müssen das Körperschema kennen und geistig vor Augen haben. Sie sollten zwischen runden und geraden bzw. eckigen Strecken unterscheiden können.

Formen erkennen und gestalten

Vorbereitend können Fünfjährige in größeren Räumen ebenso wie auf kleineren Flächen (z.B. auf einem Tisch, auf dem Boden, in Kästen) unterschiedlich große Rechtecke, Dreiecke, Kreise und Halbkreise sehen und selbst gestalten. Erkennen sie die verschiedenen Grundrisse von gängigen Formen aus dem Alltag, z.B. eines Eis oder Herzens, einer Treppe, Leiter oder Spirale (Schneckenhaus)?

Zählübungen

Im Erstunterricht werden regelmäßig Zählübungen durchgeführt. Vorbereitend können Vorschüler die Zahlenreihe bis 20 vorwärts aufsagen und die von 10 bis 0 rückwärts. In Bewegungsspielen gibt es unzählige Anlässe, Objekte oder Bewegungswiederholungen als »Zahlwörter« zu benennen. Häufig erfassen sie dabei ganze Zahlwörterfolgen: »Ich brauche 1, 2, 3, 4, 5, 6 Sprünge bis zum Ziel!« Oder »Ich konnte 1-mal 2 Luftballons auf diese 5 Dosen legen!«

Spontan Mengen erfassen

Ebenso wichtig wie das Zählen ist das Schätzen! Es ist die Fähigkeit, Mengen spontan möglichst korrekt in ihrer Anzahl zu erfassen. Schulanfänger sollten kleine Mengen bis mindestens 6 mit einem Blick erkennen, große Mengen bis etwa 10 ungefähr einschätzen.

Rechnen mit konkretem Material

Erstklässler lösen im Matheunterricht die Grundoperationen der Addition und Subtraktion, indem sie mit Materialien aller Art spielen! Sie führen die Aufgabe handelnd im Umgang mit konkreten Objekten aus. Dafür nutzen sie Steine, Knöpfe, Kastanien, farbige Plättchen oder Hilfsmittel wie Zählrahmen, Perlenschlange, Zählraupe oder einen Rechenschieber. Sie vollziehen die Grundregeln des Rechnens durch Umsortieren, Hinzufügen oder Abziehen von Materialien. Alle Kinder sollten, solange sie möchten, mit Hilfe konkreter Hilfsmaterialien rechnen dürfen.

Fingerrechnen

Kinder können beim Zählen und Rechnen zudem bis weit in die zweite Klasse hinein die Finger als visuell-taktile Gedächtnisstütze nutzen! Manche brauchen diese Hilfe länger, manche kürzer. Doch sagt das nichts aus über das spätere Abstraktionsvermögen oder die zukünftigen Leistungen in der Mathematik. Geduld ist hier wichtig. Egal ob ein Kind länger mit Fingern und Materialien rechnet oder nicht, wichtig ist, dass es seine Rechenaufgaben selbstständig lösen kann.

Rückwärtsrechnen und Rückwärtsgehen

Die Subtraktion gilt als die schwierigste Grundoperation, nicht die Division. Sie setzt gedankliches, schrittweises Rückwärtsgehen voraus, das Kinder zuerst mit dem Körper in der Bewegung erlebt haben müssen, bevor sie es geistig nachvollziehen können. Rückwärtsgehen ist immer schwieriger als Vorwärtsschreiten. Zudem müssen die Kinder die Zahlenreihe auch rückwärts sicher beherrschen und einzelne Schritte im Gedächtnis behalten, z.B. wenn sie zweimal eine 3 abziehen oder erst eine 4 und dann eine 2. Diese Gedächtnisleistung fällt ihnen beim Abziehen schwerer als beim Hinzuzählen.

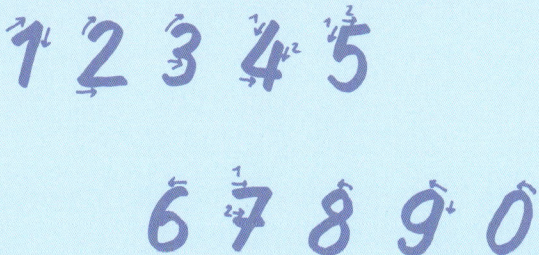

Schreibrichtung der Ziffern 0–9

Lassen Sie Fünfjährige Zahlen schreiben, so oft diese wollen. Achten Sie dabei von Anfang an auf die korrekte, weil schreibtechnisch sinnvolle Schreibrichtung der Ziffern, so wie sie später auch in der Schule geübt wird.

Die Orientierung in einem größeren Bewegungsraum und auf der Bodenfläche lässt sich mit bunten Plastikschalen, -tellern oder -bechern spielerisch und für Kinder spannend fördern. Zudem ermöglichen die handlichen kleinen Objekte vielseitige Körperbewegungen, die wie beim Tanzen und in der Akrobatik in räumlicher Hinsicht bewusst verändert werden können. Diese Vielfalt an Körperbewegungen und Objektbewegungen bietet Kindern wertvolle Möglichkeiten, den Blick für räumliche Strukturen zu verbessern. Es fällt ihnen leicht, die räumlichen Veränderungen der Objekte zu beobachten. Gerne beobachten sie auch die Körperbewegungen von Spielpartnern durch den Raum. Sie sehen räumliche Veränderungen des eigenen Körpers in Spiegeln – oder sie fühlen sie nach den Körpererfahrungen ohne hinzusehen. Durch Koordinationsspiele mit dem Augenmerk auf räumliche Veränderungen erfassen Kinder bewusst die räumliche Anordnung der Materialien und der Körper! Sie prägen sie sich als Bilder im Gedächtnis ein.

Tipp: Beschäftigen Sie Kinder zuerst mit der Anordnung der Schalen und dann mit der des Körpers. So herum fällt es ihnen leichter. Sie würden von sich aus immer zuerst die bunten Plastikteile beobachten und dann erst auf die dafür nötigen Gliedmaßenbewegungen. Doch interessieren sie sich durch lustige Aufgabenstellungen auch rasch für die Formbarkeit des Körpers. Ungewöhnliche Körperhaltungen machen ihnen Spaß! Zudem testen sie gerne die möglichen Bewegungsrichtungen einzelner Körperglieder, wenn sie darstellend spielen können, z.B. Regenbögen oder Becher balancierende Kellner.

Bewusstheit für die Anordnung von Schalen im Raum

Die folgenden Spiele eignen sich für Kinder von 3 bis 6 Jahren. Bei Gruppenspielen sind Spielstärken bis zu 12 Kindern sinnvoll.

Kreise um den Körper und im Raum
Material: Musik und eine Schale pro Kind
»Lasst eure Schale um euren Körper kreisen, so wie es ein kleines Flugzeug um Türme und Brücken könnte!« Dabei wechselt die Schale unaufhörlich von einer in die andere Hand. Die Kinder können dies vor dem Körper, hinter dem Rücken, über Kopf und zwischen den Knien tun. Zeigen Sie ihnen unaufhörlich kreisende Bewegungsmöglichkeiten. Damit es einem nicht schwindelig wird, kann dies auch mal im breitbeinigen Stand und im langsamen Vorwärtsgehen geschehen.

Große und kleine Brücken
Material: 3 Schalen oder Becher pro Kind
Über eine kleine Brücke von drei gestapelten Schalen stellt jedes Kind eine große Körperbrücke dar. Welche Bewegungsmöglichkeiten gibt es dafür erst bauchwärts und dann rücklings auf die Hände gestützt?

Kurvige Wege durch den Raum
Material: Musik vom Band, viele Schalen und Becher
Die Kinder gehen, hüpfen und laufen um einzelne oder zu dritt verteilte Plastikschalen. Sie bewegen sich zu einer schwungvollen Musik nach eigenen Vorstellungen kreuz und quer im Raum, ohne einander zu berühren. Später beobachten sie einander in zwei Gruppen geteilt: Sie sehen, dass die anderen runde Wege und Kurven über den Boden laufen und auch die Arme, Knie und Füße in runden Bögen durch die Luft schwingen.

Regenbogen

Material: 3–6 Schalen für drei Kinder

Über die zu einer Brücke angeordneten Schalen bilden nun jeweils drei Spielpartner einen fantasievollen riesigen Regenbogen mit aneinander gereihten Körpern nach. Obwohl uns der Regenbogen in der Natur grundsätzlich in einem Halbkreis erscheint, können seine Farbstrahlen und damit die Gliedmaßen der Kinder zu den Seiten streben. Wie unterschiedlich Regenbögen doch von Kindern dargestellt werden! Sie stützen sich mit Händen und Füßen an einem oder an beiden Partnern ab. Beobachtende Kinder sehen die räumlichen Unterschiede in den Darstellungen deutlich. Die einzelnen Regenbögen sind höher, flacher, kleiner, größer, komplett rund oder haben Zacken und Wellen im Bogen!

Becher rotieren

Material: Pro Kind 1 Becher und 1 Stäbchen

Becher kann man am Boden durch Andrehen um die eigene Mitte in der dreidimensionalen Form eines Kuchens rotieren lassen oder in der Luft um ein hoch gehaltenes Stäbchen in Form eines Kegels.

Jede zweite Schale

Material: Viele Schalen und Becher

Mit allen verfügbaren Schalen und Bechern legen die Kinder einen sich schlängelnden Weg über die Weite des Bodens. Oder sie legen einen geradlinigen Weg, vielleicht einen mit zwei eingebauten Ecken. Ein bis zwei Meter Abstand ist zwischen ihnen nötig, damit die Kinder nacheinander im Slalom zwischen den Schalen gehen und sich drehen können. Stellen Sie dazu verschiedene räumliche Aufgaben, z.B. sich an jeder zweiten Schale einmal zu drehen oder sie zu überspringen.

Kommandospiel

*Material: Viele Schalen und Becher, Seile
oder Matten*

Auf einer begrenzten Bodenfläche liegen unterschiedlich angeordnete Schalen von jeweils einer Farbe pro Anordnung. Zwei Kinder bewegen sich nun in diesem Feld, so wie es ihnen jeweils ein Spielpartner von außen »befiehlt«. Beispiele: »Gehe zu dem grünen Quadrat (der Würfel-Fünf) und berühre die mittlere Schale!« – »Gehe hinter die blaue Reihe und springe darüber!«

Immer 12

Material: 1 Band oder Seil, 12 Schalen oder Becher

Dieselben 12 Schalen werden von den Kindern in unterschiedliche Skulpturen angeordnet: in große, weite oder winzig kleine (durch Ineinanderstellen), in schmale hohe oder in breite flache. Damit die Kinder die Größenunterschiede deutlicher sehen, empfiehlt es sich, mit einem Band einen gleich bleibenden Kreis zu legen, in welchem die Kinder ihre Schalen umbauen.

Legeaufgaben

*Material: 10 Becher, 4 Schalen, einige runde
Bierdeckel*

Kindern gefallen Aufgaben, in denen sie bestimmte Mengen an verschiedenen Objekten zueinander anordnen sollen. Am liebsten tun es die meisten zusammen mit einem Spielpartner. »Lege die 10 Becher im Kreis um 4 Schalen und versuche Bierdeckel in diesen Kreis zu werfen!« Oder: »Stelle die 4 Schalen oben auf die 10 Becher!«

Mathe trainiert das Gedächtnis!

In Bewegungsspielen mit mathematischen Inhalten zeigen Kinder Vorlieben für verschiedene kognitive Herangehensweisen an Denkaufgaben. Alle sind als »gleich gut« anzuerkennen. Die Vorliebe für die eine oder andere zeigt, welche Gedächtnisleistung einem Kind mehr liegt: die des Rekonstruierens (z.B. Wege, Mengen, Formen hantierend nachgestalten und Aufgaben lösen), des Reproduzierens (z.B. Zahlen auswendig lernen und aufsagen) oder des längerfristigen Wiedererkennens (sich erinnern an Bewegungserfahrungen, an akustische und optische Erfahrungen).

Diese und viele andere Gedächtnisleistungen, wie z.B. das logische Denken oder das Problemlösen, werden durch mathematische Vorerfahrungen trainiert! Eine veränderte Aufgabenstellung an einer Bewegungsstation und ein paar kleine Denkanstöße von uns lassen Kinder umdenken und die Gegebenheiten neu gestalten.

Mathematische Spiele machen Vier- und Fünfjährigen besonderen Spaß. Sie fühlen sich dabei gut und klug. Wie immer werden diese emotional positiv bewerteten Bewegungserlebnisse besser verarbeitet und langfristiger gespeichert als negative Erlebnisse, z.B. durch Lerndruck.

Aufbauten vergleichen

Material: 2 Bänder oder Seile, 12 Schalen, 12 Becher
Erst schnell schätzen, dann in Ruhe zählen! Fünfjährige können mit zwei Metern Abstand zu einem Aufbau von vielen Bechern und einem Aufbau von vielen Schalen abschätzen, für welchen mehr Teile genutzt wurden. Es ist ein schönes Spiel für größere Gruppen, aber auch zu dritt oder viert. Zwei Kinder bauen unbeobachtet einen Turm aus den Bechern und einen aus den Schalen, zwei andere schätzen die Anzahl und zählen sie am Ende. Sprechen Sie gemeinsam über optische Täuschungsmöglichkeiten, indem viele Becher eng zusammengestellt werden und so nach »weniger« aussehen, während dieselbe Anzahl Schalen weit auseinander gestellt nach »mehr« aussieht.

Die Ziffern der Uhr

Die Uhr mit ihren Zeiten lernen Kinder erst in der Schulzeit wirklich verstehen. Doch haben sie Spaß daran, die Zahlenreihe aufzusagen sowie Begriffe wie oben, unten, rechts, links oder halber und ganzer Kreis bzw. Kuchen kennen zu lernen.

Bewusstsein für die Anordnung des Körpers

Die folgenden Spielbeispiele lassen Kinder verschiedene Anordnungen des Körpers in Haltepositionen und in der Bewegung bewusst erleben oder an Spielpartnern beobachten. Sie entdecken zudem unterschiedlich mögliche Bewegungsrichtungen der Körpergliedmaßen und benennen sie mit uns.

Die folgenden Spiele sind wieder für ein oder zwei Kinder im Alter von 3 bis 6 Jahren oder für eine Kindergruppe geeignet.

Körperteile gezielt berühren
Material: 1 Schale oder 1 Becher pro Kind
Ein Spielleiter benennt Körperteile, die die Kinder nacheinander mit ihrer Schale berühren können, z.B. das linke Ohr, das Schienbein, die rechte Pobacke usw.

Körperpositionen im Liegen und Sitzen
Material: 3–5 Schalen oder Becher pro Kind
Wie kann man am Boden sitzen oder liegen und 5 Becher auf dem Körper balancieren, ohne diese mit den Fingern festzuhalten? Jedes Kind legt sie sich selbst auf ein Bein, die Brust, den Bauch oder den freien Arm.

Lustige Regale
Material: 6 Schalen oder Becher pro Kinderpaar
Nun legt ein Spielpartner dem anderen alle zur Verfügung stehenden Plastikteile auf die Arme und Beine. Diese werden im Stehen, Sitzen oder Abstützen in lustigen Verrenkungen wie die Bretter eines Regals waagerecht gehalten. Waagerecht? – »So gerade, dass die Schalen nicht herabfallen!« Die Kinder nehmen eine Körperposition nach eigenem Wunsch ein und verändern sie bei Bedarf geschickt für das Auflegen möglichst vieler Schalen. Demonstrieren Sie diese Aufgabe ohne lange Erläuterungen. So verstehen die Kinder sogleich.

»Über Kopf! ... Vor dem rechten Knie! ...« Viele Kinder möchten gerne einmal Spielleiter sein.

Trommelspiel
Material: 1 Becher oder Schale, 1 Stäbchen pro Kind
Sitzen Kinder im aufrechten Schneidersitz, so können sie mit ihrem Stäbchen bequem auf die Schale in einem gleich bleibenden Grundschlag klopfen (3- und 4-Jährige) oder Rhythmen trommeln (4- bis 6-Jährige). Wo sie dies am Körper tun, das ruft ihnen ein Spielleiter zu: »Über den Füßen! ... Jetzt vor der Brust! ...«

Hoch strecken und recken
Material: 1 Schale oder 1 Becher pro Kind
Mit einem Becher auf einer Schale auf dem Kopf lässt es sich gut balancieren und voranschreiten, wenn man sich nur hoch streckt und ruhig bewegt. Hinweis für die Kinder: »Streckt nicht nur die Plastikteile nach oben, sondern macht euren Kopf, Hals und den ganzen Körper lang.«

Stoppen und klopfen

Material: Musik und eine Schale pro Kind

Nach Art des Stopptanzens bewegen sich die Kinder frei nach eigenen Bewegungsideen im Raum. Stoppt die Musik, so suchen sie einen Partner und klopfen mit ihren Schalen viermal dort aneinander, wo es ein Spielleiter möchte. Er ruft nach dem Stoppen der Musik: »Klopft über dem Kopf zusammen, vor der Nase, neben den Knien.«

Sechs-Füßler

Material: 6 Becher oder Schalen pro Kind

Mit welchen Körperteilen kann man sich auf sechs Schalen stützen, ohne den Boden zu berühren? Die Kinder finden durch unkompliziertes Ausprobieren häufig recht schwierige, akrobatische Körperpositionen! Teilen Sie die Kindergruppe, damit die Spielpartner einander zusehen können, so erinnern die Körperverrenkungen die Beobachter an Käfer, Spinnen oder Tausendfüßler. Auf umgedrehten Schalen gelingt das Balancieren leichter als auf Bechern!

Partnerakrobatik

Material: Viele Schalen und Becher

Zwei Kinder versuchen sich zusammen in akrobatischen Kunststücken, bei denen sie sich zu Skulpturen formieren. Andere legen auf die verharrenden Akrobaten möglichst viele der Plastikschalen und Becher. Warum gelingt dies bei einer Skulptur besser als bei einer anderen? Zum Auflegen der Schalen bedarf es waagerechter, »gerader« Liegeflächen! Die Kinder probieren aus: Wie könnte eine große Fläche für viele Schalen angeboten werden?

Tanzende Kellner

Material: 2 Becher oder Schalen pro Kind

Um sich zwischendurch wieder locker und weiträumig zu bewegen, tanzen die Kinder mit zwei Bechern oder Schalen zu schneller Musik frei im Raum. Sie schwingen und kreisen die Arme und Hände mit den Bechern. Ruft ein zuvor benanntes Kind laut »Husch, husch, auf die Plätze!«, so halten sie in ihren Bewegungen inne und nehmen als Kellner eine fantasievolle Körperhaltung ein, in der sie ihre zwei Becher präsentierend hochhalten.

Kinder sind neugierig. Nicht umsonst löchern sie ihre Mitmenschen mit unendlich vielen Fragen. Ganz besonders spannend finden sie die Phänomene der Natur. Was ist Luft? Was schwimmt auf Wasseroberflächen und warum? Warum fallen Dinge auf den Boden runter und nicht hoch? Warum fliegt ein Tuch so lange weiter, wenn ich ihm einmal Schwung gebe? Dieses Interesse der Kinder ist unglaublich wertvoll! Es gilt nicht nur der Natur in ihren Erscheinungen als Pflanzen- und Tierwelt, sondern auch den faszinierenden physikalischen und chemischen Vorgängen. Die Neugierde der Kinder, diese Zusammenhänge entschlüsseln zu wollen, sollten wir nutzen und auf keinen Fall unterdrücken. Sie sind nicht zu klein für naturwissenschaftliche Erfahrungen. Kindergartenkinder und Erstklässler sind gerade im richtigen Alter für praktische Entdeckungen!

Mit Hilfe von einfachen naturwissenschaftlichen Experimenten und Bewegungsaufgaben können Eltern und Pädagogen bereits Drei- und Vierjährige spielerisch an verschiedene Themen heranführen. Für die folgenden Themen finden Sie in diesem Kapitel beispielgebende Bewegungsspiele zum Erkunden und Experimentieren naturwissenschaftlicher Phänomene:

- *Elemente Luft, Wasser*
- *Erdanziehung, Schwerkraft*
- *Reibung, Gewichte und Kräfte*
- *Geschwindigkeiten und Weiten*
- *Magnetismus*
- *Auftriebskraft in der Luft und im Wasser*
- *Formen, Pflanzen, Tiere in der Natur*

Beim Klettern, Springen, Bauen und Spielen lernt das Gehirn viel über Naturgesetze. Schon bald können die kleinen Forscher erste »Wenn-dann«-Zusammenhänge verstehen. Wichtig ist, dass diese kindgerecht vermittelt und einfach formuliert werden. Am besten, die Kinder können dabei nicht nur sehend beobachten, sondern auch mit den Händen tasten und mit dem Körper Bewegungsveränderungen spüren. Einfache Experimente animieren auch kleine Kinder dazu, mit mehreren Sinnen möglichst genau wahrzunehmen, zu fühlen und zu erforschen. Sie suchen selbst nach Antworten und ziehen Schlüsse, die ihrem gegenwärtigen Wissen entsprechen. Die Lernbereitschaft kleiner Kinder ist enorm! Alle neuen Informationen verarbeiten sie in Kombination mit den zuvor gemachten. So finden sie mit der Zeit immer mehr Lösungen auf Fragen und Probleme und erlangen ein vielseitiges praktisches naturwissenschaftliches Wissen in den Bereichen Biologie, Chemie, Physik und Mathematik.

Naturwissenschaftliche Erfahrungen sind sachbezogene Mathematik. Größen, Zeiten, Geschwindigkeiten, Gewichte, Bilder, Reihenfolgen, Formen, Strukturen, Zahlen, Ursachen und Wirkungen werden die Kinder später als Schüler in den Fächern Naturwissenschaften und Mathematik messen und vergleichen. Zuvor können sie sie aber schon handelnd erleben!
Echte Erlebnisse sind dabei wertvoller als das Konsumieren von Dokumentarfilmen. Bevor ein Kind von elektronischen Geräten lernt, sollte es die Erfahrungen in der Wirklichkeit gemacht haben. Nur so kann es Filmberichte später verstehen. Und: Erfahrungen, die Kinder beim Spielen und Entdecken machen, werden über viele Sinneskanäle zugleich aufgenommen, besser verarbeitet und längerfristig gespeichert!

Forschen, entdecken und experimentieren

Kinder sind begnadete Forscher und Beobachter. Entdecken Sie gemeinsam die kleinen und großen Phänomene des Alltags. Motivieren Sie sie, das Beobachtete zu beschreiben, es möglichst klar in Worte zu fassen.

Naturwissenschaftliche Experimente wirken auf Kinder wie Zauberei! Doch können Kindergartenkinder nahezu alle Naturphänomene in vereinfachten Experimenten nachvollziehen. Die Auswahl an Vorschlägen für einfache Experimente ist groß! Sie sind in vielen Kindersachbüchern veröffentlicht und mannigfaltig im Internet zu recherchieren.

Internetseiten zu mathematischen und naturwissenschaftlichen Themen im Kindergarten

- www.wieso-kinderlabor.de
- www.kidsweb.de/experi/experinh.htm
- www.ifp-bayern.de/cms/BEP_mathe.pdf
- www.forumbildung.de/templates/imfokus_inhalt.php?artid=361
- www.forumbildung.de/templates/imfokus_inhalt.php?artid=101
- www.kindergartenpaedagogik.de/439.html
- www.micrecol.de/micrecol.pdf

Kinder experimentieren in Bewegungsspielen

Die neuen Bildungspläne für Kinder im Kindergartenalter und Grundschulalter fordern mehr spielerische Angebote zur naturwissenschaftlichen Bildung! Die Kinder sollen in ihrem Forschergeist, ihrer Entdeckerfreude und Erfindungsgabe und damit in ihrer Freude am experimentellen Lernen gefördert werden.

Viele einfache Experimente können mit ganzkörperlichen Bewegungsspielen verbunden werden oder verlocken die Kinder zu feinmotorischem Hantieren. In allen Bewegungsanlässen gelten physikalische und räumliche Gesetzmäßigkeiten! Beim Spielen mit Erde, Sand, Wasser und Luft wirken immer Kräfte und Größen zusammen, die naturwissenschaftlich hinterfragt werden können. Lenken wir ab und an die Aufmerksamkeit der Kinder darauf! So werden sie später von alleine Gegebenheiten beim Spielen und Bauen hinterfragen und immer neugieriger werden. Naseweise Kinder, die sich gerne vielseitig bewegen, werden schlau!

Die folgenden Spiele eignen sich für zwei oder mehr Kinder von drei bis sechs Jahren.

Die Erdanziehung in Transportspielen erleben

Material: 1 Ballon und eine kleine Schale pro Kind

Im Wettlauf über circa zehn Meter balancieren und transportieren die Kinder einen kleinen Luftballon in einer Plastikschale. Halten sie die Schale schräg oder rennen sie zu schnell, so rutscht er aus der Schale heraus und fliegt zum Boden, weil ihn die Erde anzieht!

Mit Kraft gegen die Erdanziehung

Material: Mittelgroßes Tuch, 5 Ballons mit wenig Wasser gefüllt und aufgeblasen

Schwingen vier Kinder ein Tuch gleichzeitig in die Höhe, so dass die aufgelegten Ballons in die Luft hochgeschleudert werden, so spüren sie den nötigen Kraftaufwand, um das Gewicht der Ballons gegen die Erdanziehung zu bewegen. Sie erzeugen eine Gegenkraft zur Erdanziehung!

Luft sehen

Material: 1 Riesenseifenblasen-Set

Große Seifenblasen fangen Kinder nicht nur gerne, sie fesseln sie auch, weil sie augenscheinlich eine so riesige Menge Luft umhüllen und dennoch so leicht wie »Nichts« schweben. Schon kleine Kinder erfahren beim Beobachten der Seifenblasen: Luft ist durchsichtig und leicht, deshalb bemerke ich sie nicht, doch ist sie immer um mich herum. Und: Die Luft kann bewegt werden, sonst würden die Seifenblasen nicht davonfliegen.

Ich kann Luft bewegen!

Material: 2–4 Jongliertücher für ein Kinderpaar

Zwei Kinder tanzen an einer Hand oder an zwei Händen gefasst im Kreis umeinander. Ihnen wurden ein oder zwei Jongliertücher zu Umhängen in den Halsausschnitt der T-Shirts gesteckt. Drehen sie sich, schwingen miteinander zu den Seiten oder laufen und hüpfen im Kreis, so sehen sie, dass sie so auch die Tücher bewegen. Führen Sie den Kindern vor Augen: Was sich in den Tüchern bewegt ist die Luft! Nehmen Sie die Hände von einem in der Luft bewegten Tuch plötzlich weg, dann formt es sich beim Sinken noch eine Weile in der Luft um.

Ich forme Tücher in der Luft!

Material: 2 Jongliertücher pro Kind

Jedes Kind bedeckt mit einem oder zwei Tüchern die Haut seiner Schultern und Arme. Nun fühlen alle die Bewegungen des Tuches und der Luft sehr gut über den taktilen Sinn der Haut. Bewegen sie die Arme, so geben sie dem Tuch und den Luftteilchen um sich herum Schwung. Je nach Bewegung verändert sich die Form des Tuches. Sie lernen durch Ausprobieren diese Form bewusst zu gestalten. Ziehen sie das Tuch am Zipfel durch die Luft, so formt es sich schmal und lang. Kinder halten es gerne an zwei Ecken breit geöffnet und schwingen es wellenförmig. Sie knäulen es zu einer Kugel, werfen es hoch und beobachten, wie es sich öffnend zu Boden fällt.

Schnipsel pusten – Wind erzeugen

Material: Viele kleine geknüllte Serviettenschnipsel, Tuch als Unterlage

Kinder können »Wind« bzw. Luftwirbel erzeugen, indem sie liegend in Serviettenschnipsel hineinpusten. Gerne blasen sie die Schnipsel um die Wette vom eigenen Platz fort zu den Mitspielern.

Gewicht und Schwerkraft untersuchen

Material: 1 Seil, kleine Objekte zum Fallenlassen auf der Wiese

Wie schwer wir sind, das spüren wir, wenn wir über ein Seil springen. Je höher das Seil gehalten wird, umso kraftvoller müssen wir springen! Kinder fühlen ihr Gewicht, indem sie den Kraftaufwand gegen die Schwerkraft im Absprung spüren und indem sie die Landung als Krafteinwirkung auf ihre Muskeln und Gelenke fühlen. Sie spüren hingegen nichts Vergleichbares an Krafteinwirkung, wenn sie nur unter dem Seil hindurch kriechen. »Warum ist das so?«, fragen Kinder. »Weil wir uns beim Kriechen nicht wie beim Springen vom Boden abdrücken.« Es ist unser Gewicht, das wir im Sprung und bei der Landung mit dem Körper spüren! Die Schwerkraft können Kinder auch verstehen, wenn sie sehen, wie verschiedene Objekte unterschiedlich schnell aus der Luft auf die Erde fallen. Erklären Sie in einfachen Worten:

»Sie fallen wegen der Erdanziehungskraft, die wie ein Magnet wirkt und Dinge zum Erdmittelpunkt anzieht. Sie fallen je nach Gewicht und Größe unterschiedlich schnell.« Zeigen Sie Kindern in diesem Zusammenhang, wie langsam eine Feder und eine ausgebreitete Papierserviette zu Boden fallen – und wie schnell ein Tennisball aus derselben Höhe plumpst.

In Bewegungen mit der Schwerkraft spielen

Material: Kleines Trampolin, Hängeleiter oder Turnstange

Beim Trampolinspringen, Klettern und Herabhängen an einer Leiter oder an Turnstangen spielen die Kinder mit der Schwerkraft. Sich gegen die Schwerkraft zu stemmen oder ihr in die Tiefe hin nachzugeben ist Kindern ein lustvolles Vergnügen, weil es den Gleichgewichtssinn durcheinander schüttelt und starke Empfindungen weckt.

Wind wirkt gegen die Schwerkraft

Material: Plastikbügel mit circa 7 dünnen (3x60 cm) angeknoteten Krepppapierstreifen

Hängen Kinder einen Plastikbügel mit Bändern aus Krepppapier an eine Leiter oder einen Ast, so sehen sie, wie die Papierstreifen bei Wind hochgeweht werden und bei Windstille herab zur Erde sinken. Sie erfahren: Wind ist eine Kraft. Er wirkt über die Luft auf die Bewegungen von Stoffen ein. Er kann sie anheben und umherwirbeln.
Erinnern Sie Kinder an Drachen im Wind, die trotz ihres Gewichts durch die Auftriebskraft des Windes hochfliegen.

Durch Körperbewegungen Wind erzeugen?

Material: Plastikbügel mit dünnen Krepppapierstreifen

Die Kinder schwingen ihren handlichen Plastikbügel mit den Papierstreifen in Kreisen um den Körper. Oder sie laufen vorwärts und galoppieren seitwärts mit dem Bügel am ausgestreckten Arm, dann ziehen sie die Bänder gegen die Schwerkraft hoch. Sie bewegen sie in diesem Moment, wie zuvor der Wind, mit einer Gegenkraft nach oben durch die Luft. Beschreiben Sie es ihnen so.

Luft trägt Bänder und Stoffe

Material: 1 langes Tanzband aus Plastik oder Krepppapier am kurzen Stab

Das zarte Material eines langen Bandes wird von der Luft mitgetragen, wenn Kinder es im Vorwärtslaufen oder in schwungvollen Bögen ziehen. Sie sehen es deutlich, wenn sie mitten in der Bewegung innehalten. Die Luft kann sein Gewicht noch eine Weile tragen!

Reibung und Haftung erleben

Material: Langes Krepppapierband mit Klebestreifen an kurzem Stab befestigen

Schwingen die Kinder lange Bänder an Stäben um sich herum, so wickeln sie sich oft ein, wenn das Band etwas zu lang ist.

Um die Prinzipien von Reibung und Haftung zu erleben, ist das sinnvoll: Sie erleben, dass die um den Körper gelegten Bänder nicht einfach wegzuziehen sind. Sie kleben scheinbar an der Kleidung oder Haut fest. Und zwar umso stärker, je größer die Kontaktfläche am Körper ist. Schuld daran ist die Haftung bzw. die Reibung der beiden Stoffe aneinander, die gegen unsere Zugkraft wirkt. Erklären oder demonstrieren Sie: »Glatte Stoffe können leichter voneinander weggezogen werden, raue Stoffe verzahnen sich in ihren kleinsten Teilchen mehr miteinander!« So haftet ein Plastikband weniger am Körper als eins aus Krepppapier oder grobem Stoff.

Stabil und instabil

Ohne Material

Je drei Kinder bauen sich zu einem Turm auf. Wie? Das entscheiden sie selbst. Wollen sie hoch hinaus und eines der Kinder auf die Oberschenkel der anderen stehen lassen? Oder wollen sie sich in der Bankposition auf die Becken und Rücken der anderen beiden stützen?

Die Kinder testen gemeinsam stabile und instabile Bewegungsmöglichkeiten bzw. Bauweisen aus. Am sichersten fühlt sich das oberste Kind, wenn die unteren beiden einen ruhigen Untergrund bieten. Dann kann es stabil oben auf verharren!

Die Kinder können eine oder mehrere Zirkusnummern vorbereiten und einander vorführen.

Gewichte und Kräfte

Material: Unterschiedlich schwere Objekte zum Tragen

Wie schwer sind die Dinge? Kinder erfahren dies, indem sie sie tragen! Achten wir dabei auf eine gerade Rückenhaltung und auf das Anheben und Absetzen der Gegenstände aus der Beinbeuge! Sie erfahren: Je größer ein Gewicht, umso mehr Kraft müssen sie einsetzen, um es anzuheben und an einen anderen Ort zu tragen.

Am liebsten tragen und transportieren Kinder einander! Daraus kann sich in größeren Kindergruppen ein stimmungsvolles Transportspiel ergeben! Dreiergruppen treten gegeneinander an und laufen mit ihrer Last um die Wette.

die Musik und ruft drei Kinder per Namen in den Kreis. Kinder unterschiedlicher Pole drücken sich Bauch an Bauch! Zwei Kinder mit demselben Pol weichen voneinander, wollen sich nicht berühren, da sich Plus- und Plus-Pole wie Minus- und Minus-Pole abstoßen!

Wasser ist schwerer als Luft

Material: Gießkanne, Eimer, Sandförmchen

Beim Wasserausschütten sehen, hören und spüren kleine Kinder, dass Wasser schwer ist, viel schwerer als Luft, sonst würde es nicht zur Erde fallen. Formulieren Sie dies bei Gelegenheit deutlich! Sprechen wir beim Spielen über die Elemente Erde, Wasser und Luft! Nennen wir einfache, aber korrekte Begriffe und vergleichen Eigenschaften, die sich beim Spielen zeigen! Kinder erfassen natürliche und physikalische Gegebenheiten handelnd und beobachtend recht schnell und lernen zudem korrekte Begriffe kennen.

Geschwindigkeiten und Weiten

Material: Sandhaufen, Plastikrohr, Murmeln, größeres Pappstück

Die Kinder bauen eine erhöhte Murmelbahn mit einem Plastikrohr, z.B. in den Sand. Die Murmeln sollen dabei aus dem Rohr ein Stück über glatte Pappe oder ein Brett rollen können, damit Kinder die unterschiedlichen Geschwindigkeiten der Murmeln sehen können. Sie beobachten: Kräftig angestoßene Murmeln rollen am Ende weiter als langsam rollende! Ähnlich verhält es sich mit Kindern, die unterschiedlich schnell laufen können. Dürfen sie alle nur 6 Sekunden laufen, während ein Erwachsener »Los! 1 2 3 4 5 6!« zählt, so sehen sie nach dem Stoppen, dass schnellere Läufer weiter gekommen sind! Kombinieren Sie beide Spiele!

Plus und Minus ziehen sich an

Material: Musik vom Band, Markierungen

Die Hälfte der Kinder einer Gruppe wird für dieses Magnetenspiel zu Plus-Polen eingeteilt, die andere zu Minus-Polen. Die Kinder versuchen sich nun zu merken, wer bei ihnen in der Plus- oder Minus-Gruppe ist. Alle laufen zu Musik im Kreis um Markierungen (z.B. Slalomhütchen oder Plastikbecher. Ein Spielleiter stoppt

Wasser trägt Objekte

Material: Schwimmtiere, -bretter, Schaumstoffnudeln,
Plastikteile o.a.

Welche leichten großen oder kleinen Dinge werden vom
Wasser getragen? Zeigen Sie kleinen Kindern beim Toben: Wasser hat viel Kraft! Es ist fester als die Luft,
darauf können breite, leichte Objekte wie Schwimmtiere, Bälle, Plastikteller, Schaumstoffschlangen liegen,
ohne durch die Erdanziehungskraft in die Tiefe gezogen
zu werden! Welche Materialien sinken und warum? Dies
testen Kinder sehr gerne aus!

Wo Luft ist, kann kein Wasser sein!

Material: Flasche oder Glas, Wasser in einer großen
Glasschüssel oder im Pool

Die Kinder halten eine leere Flasche oder ein Glas um-
gedreht ins Wasser und drücken es so hinab, dass die
Luft nicht entweicht: Wasser verdrängt Luft.

Eis und Schnee ist kaltes Wasser

Material: Plastikbehälter zum Einfrieren

Frieren Kinder etwas Wasser in einer Plastikdose ein
oder tauen Eiswürfel auf, dann fühlen sie die Verände-
rungen in den Händen und verstehen leichter: Durch
Kälte wird Wasser zu Eis oder in der Natur auch zu
Schnee. Beides ist fester als Wasser und formbarer.
Man kann herrlich darauf rutschen!

Bewegungsspiele in verschiedenen Naturräumen

Begeben Sie sich gelegentlich mit Kindern in verschiedene Naturräume, Landschaften und Biotope Ihrer Umgebung. Bieten sich ein Tannenwald, Mischwald, eine Heidelandschaft, ein Flussstrand oder ein Blumen- und Pflanzenpark an? Eine Reise durch die Landschaft mit Beobachtungen der Pflanzen- und Tierwelt weckt und klärt viele naturwissenschaftliche Kinderfragen!

Unendlich spannend sind die Geheimnisse zwischen Bäumen und Sträuchern. Wer genau hinsieht, kann viel Wissenswertes entdecken! Welchen Nutzen haben einzelne Pflanzen und Tiere im Naturkreislauf dieser Landschaft? Wie sehen die Naturprodukte in ihrer Form und Farbe aus? Blätter, Vogelfedern und Steine beispielsweise sind kontrastreiche Materialien, die von ihren Eigenschaften her völlig verschieden sind, in der Natur wie auch in Spielräumen unterschiedlichen Nutzen erfahren. Sprechen Sie darüber oder lassen Sie Kinder vor Ort malen.

Bewegungsspiele und darstellende Spiele erweitern die Möglichkeiten der naturwissenschaftlichen Auseinandersetzung. Solche Spiele ermöglichen einen neuen Zugang beim Entdecken der Natur und ihrer Zusammenhänge. Was die Kinder einmal mit ihrem Körper dargestellt oder erlebt haben, vergessen sie nicht mehr.

Zwei und mehr Kinder von drei bis sechs Jahren haben Freude an den folgenden Spielen.

Pflanzen im Wald

Lisa zeigt Naturprodukte, nennt sie mit uns beim Namen und beschreibt, was ihr an ihnen auffällt. Berühren Sie bei Spaziergängen die verschiedensten Naturmaterialien, während Sie über deren Aussehen und Nutzen sprechen. So bleiben die Informationen länger im Gedächtnis der Kinder haften.

Formen von Pflanzenteilen darstellen

Die Formen von Blättern, Ästen, abgebrochenen Baumstämmen, Zapfen stellen Kinder gerne mit dem Körper nach. Inmitten des Waldes werden sie zu einem Stein, jungen Baum oder zu einer Schnecke und wir müssen es erraten.

Abfallprodukte der Natur verwerten

Besprechen Sie mit dem Förster, welche Abfallprodukte aus der Natur die Kinder sammeln oder vor Ort mit Kindermessern, Schraubenziehern (zum Löcherbohren), Hammer, Scheren und Schnüren bearbeiten dürfen.

Waldtiere und ihre Lebensbedingungen

Auf der Suche nach Waldtieren schreiten Kinder gerne ruhig und behutsam durch die Bäume und Sträucher. Sie suchen hellhörig, mit wachen Augen und mit aktiven Händen. Sie untersuchen verrottende Baumstämme nach Kleintieren, beobachten Ameisen am Bau, sehen Eichhörnchen, Käfern und Vögeln zu. Nach dem Spaziergang können die Kinder Waldtiere pantomimisch, in gestenreichen Körperdarstellungen nachahmen. Gerne lassen sie Zuschauer raten: »Was bin ich?«

Zusatz:
Bewegungsangebote
für übergewichtige
Kinder

Die Zahl der übergewichtigen Kinder und Jugendlichen hat sich in den vergangenen zwanzig Jahren verdoppelt. Etwa jedes fünfte Kind ist hierzulande übergewichtig oder adipös. Verblüffend sind die Zahlen bei den Schuleingangsuntersuchungen: In verschiedenen Regionen sind bereits 10 Prozent bis 20 Prozent der Fünf- und Sechsjährigen übergewichtig. An einer schweren, krankhaften Form des Übergewichts, der Adipositas, leiden etwa 6–8 Prozent der Betroffenen. Schon Vierjährige behalten nicht nur ihren Babyspeck, sondern setzen Übergewicht an, während andere sich strecken und muskulös werden.

Frühes Übergewicht hat langwierige Folgen

Schnell beginnt ein Negativkreislauf: Gewichtige Kinder bewegen sich im Grundschulalter oft weniger gern, langsamer und unkoordinierter als der Durchschnitt der Gleichaltrigen. Laufen, Hüpfen, Klettern fallen ihnen schwer, weil sie bei jedem Schritt ihr schweres Gewicht spüren. Sie sind meistens unbeweglicher als normalgewichtige Kinder. Durch früh einsetzende Atemlosigkeit bei Ausdauerbeanspruchungen fühlen sie sich in Laufspielen und im Sport schlechter als die anderen. Die meisten Kinder messen sich an den Erfolgen beim Spielen und in sportlichen Aktivitäten. Versagen Kinder mit ihren körperlichen Fähigkeiten, dann leidet auch die Seele!

Übergewichtigen Kindern mangelt es daher oft an Selbstwertgefühl. Die Hänseleien anderer Kinder können sie nicht gut verarbeiten. Häufig vermeiden sie es, Reaktionen auf die Hänseleien zu zeigen. Sie verschließen sich und versuchen davon unbeeindruckt zu wirken. Oder sie ärgern zurück, suchen Schwachpunkte bei den anderen Kindern und verlieren so manche sozialen Beziehungen. So wird »Dicksein« schnell zu einem komplexen psychischen und sozialen Problem. Hinzu kommt der gesundheitliche Aspekt. Übergewicht macht langfristig krank! Schon im Kindesalter legen unsere Sprösslinge den Grundstock für spätere Stoffwechselstörungen. Die überflüssigen Pfunde schädigen das Herz, den Kreislauf, die Haltung und die Muskeln. Langfristig drohen die Entstehung von Diabetes Typ 2, Bluthochdruck und Arteriosklerose. Sogar Allergien, Asthma und Krebs werden begünstigt. Was kann man dagegen tun? Viel Spaß an abwechslungsreicher Bewegung schenken und eine gesunde, fett- und zuckerarme Ernährung anbieten!

Übergewicht feststellen

Von Adipositas spricht man, wenn das Körpergewicht wegen eines zu hohen Fettanteils entsprechend des Kindesalters und der Körpergröße (!) wesentlich zu hoch ist. Ärzte, Physiotherapeuten und Ernährungswissenschaftler orientieren sich am Gewicht pro Größe oder am Body-Mass-Index (BMI). Er wird nach folgender Formel berechnet: BMI gleich Gewicht (in kg) geteilt durch Körpergröße im Quadrat (in m, cm x m, cm). Bei Erwachsenen ist ein BMI von 20 bis 25 normal. Zwischen 25 und 30 spricht man bereits von Übergewicht. Bei kleinen Kindern wird weniger mit dem BMI gemessen, mehr mit der Perzentilkurve (Wachstumskurve), um das starke Wachstum mitzuberücksichtigen. Eltern finden sie im medizinischen Untersuchungsheft ihres Kindes oder erhalten sie beim Kinderarzt. Behalten Sie im Auge, »wie lange« das Gewicht eines Kindes um »wie viel« außerhalb des Normbereichs liegt.

Vorbeugen und entgegenwirken!

Eltern und Erzieher können das ihnen anvertraute Kind vor langjährigem Übergewicht bewahren, indem sie vorbeugen. Ist das Übergewicht bei einem Vorschüler bereits vorhanden, so ist ihm in diesem Alter noch recht gut entgegenzuwirken. Doch Vorbeugen ist leichter als Nachbessern! Gute vorbeugende Maßnahmen zur Vermeidung von mehrjährigem Übergewicht sind eine ganzkörperliche Bewegungsförderung (wie ich sie mit diesem Buch vertrete) und eine gesundheitsbewusste Erziehung, die das körperliche Wohlbefinden und die emotionale Ausgeglichenheit unterstützt.

Der Körper braucht die vielseitigen motorischen Impulse eines tobenden, springenden und sich schwingenden Kindes für seine gesunde und leistungsfähige Entwicklung. Er braucht sie so dringend wie Luft und Nahrung. Wer sich trotz Übergewicht regelmäßig bewegt und sportlich betätigt, stärkt seine Muskeln, den Stoffwechsel, das Herz-Kreislaufsystem und die Lunge. Der Organismus gewichtiger Kinder kann leistungsfähig mitwachsen. Oft verliert sich das Übergewicht durch eine aktivere Lebensgestaltung. Der körperliche Zustand und die motorische Entwicklung des Kindes passen sich den gestellten Anforderungen an. Wie bei allen Kindern erfährt dann auch das Gehirn mehr Sinnesreize und Sauerstoff. Ausgetobte Kinder lernen leichter und komplexer als Stubenhocker! Das Gewicht spielt da keine Rolle. Und: Gewichtige Kinder, die sich viel bewegen, fühlen sich anschließend glücklicher, da die körperliche Anstrengung gute Gefühle weckt. Nutzen Sie diese Möglichkeit zur Aufmunterung gerade dann, wenn sich das Kind mal schlecht fühlt. Sein Optimismus und sein Tatendrang steigern sich in wohltuenden Anstrengungen.

Sensibler Umgang mit betroffenen Kindern

Wenn Kinder übergewichtig werden, spielt der genetische Faktor oft eine Rolle. Bewegungsmangel und falsches Essverhalten belasten die körperliche Entwicklung genetisch vorbelasteter Kinder zusätzlich. Doch können sich schwergewichtige Kinder im Vorschulalter genauso gut bewegen und aktiv in allen gemischten Kindergruppen mitwirken wie normalgewichtige! Übergewicht bei Kindern darf nicht hingenommen werden, doch sollte man diese Kinder auch nicht anders behandeln als zu dünne Kinder, zu schüchterne Kinder oder zu laute Kinder. Idealerweise werden sie alle in Spiel- und Bewegungsstunden integriert! Vier- bis Sechsjährige sind noch zu jung, um von sich aus das »Kräftigsein« als Problem anzusehen. Es sind die Erwachsenen, die sie leider zu oft darauf ansprechen. Um dem Übergewicht betroffener Kinder behutsam entgegenzuwirken, sollten Eltern und Erzieher miteinander absprechen, wie sie an einem Strang ziehen können. Sie können nur gemeinsam die Lebensgewohnheiten des Kindes ändern. Achten Sie wachsam auf seine Empfindungen. Frust steigert die Esssucht direkt! Fangen Sie im Kindergarten wie zu Hause negative soziale Erlebnisse und Gefühle mit auf. Eltern können mit Erziehern vereinbaren: Was sagen Sie zu betroffenen Kindern, was nicht? Wie gestalten Sie den Alltag aktiver und essen bewusst gesünder? Bewegen Sie sich ebenso regelmäßig mit und essen zucker- und fettarm! Die Eltern und Pädagogen eines Kindes sind seine größten Vorbilder!

Zauberformel: Bewegung x Spaß = Steigerung der Bewegungslust

Die effektivste Waffe im Kampf gegen die Kilos ist viel Bewegung. Die körperliche Leistungsfähigkeit steigt, der Kreislauf und Stoffwechsel werden aktiviert, das Fett verbrennt und das Erkrankungsrisiko sinkt. In Bewegung spielen und lernen bringt den betroffenen Kindern Abwechslung und viel Spaß. Das steigert die Bewegungslust, im Idealfall jahrelang.

Konzepte gegen Übergewicht

Heute widmen sich viele Organisationen den Problemen übergewichtiger Kinder und ihrer Familien. Es existieren umfassende Konzepte zur gesünderen Alltagsgestaltung und Bewegungsprogramme für große Kinder ab etwa acht Jahren. Gute Therapieprogramme unterstützen übergewichtige Kinder in den folgenden drei Bereichen:

1. *in Bewegungsspielen und sportlicher Bewegung,*
2. *in gesunder Ernährung zur bewussten, langfristigen Ernährungsumstellung,*
3. *mit psychologischen Tipps zu Alltagsfragen und individuellen Problemen für die Kinder und separat dazu für die Eltern.*

Vielerorts gibt es städtische oder privat organisierte Projekte für Kindergärten und Grundschulen. In diesen können Kinder unter fachlicher Anleitung gesund und fettarm kochen, sich angeleitet und dennoch ihren Bedürfnissen entsprechend in Bewegungsstunden austoben. Die Kinder sollen sich dabei rundum wohl fühlen. Hinzu kommen Elternabende zur Beratung in Alltagsfragen. Solche Angebote sind für alle Familien interessant! Wissenschaftliche Untersuchungen belegen, dass durch vielseitige Bewegungsaktivitäten und gesundes Essverhalten Übergewicht langfristig abgebaut werden kann. Eltern, Erzieher und Sportpädagogen sollten auffallend gewichtige Kinder im Vorschulalter im Auge haben, um dem drohenden Bewegungsmangel und einer übermäßigen Gewichtszunahme vorzubeugen.

Übergewichtige Kinder unterstützen

Vorrangiges Ziel der Behandlung von leichtem oder mäßigem Übergewicht bei Vorschülern ist nicht eine drastische Gewichtsabnahme, sondern mehr Bewegung im Alltag und das Konstanthalten des Körpergewichts in einer Wachstumsphase: Längen- statt Breitenwachstum!

Vier- bis Sechsjährige sollten nicht abnehmen, sondern nur wachsen, ohne zuzunehmen. Durch das Längenwachstum gleichen sich Gewichtsprobleme beim Kind leichter aus als bei Erwachsenen. Dafür sollte das Gewicht übergewichtiger Kinder für Monate gehalten werden. Nur bei besonders schweren Fällen muss das Gewicht runter. Möglich sind kontinuierliche kleine Gewichtsverluste zu Beginn einer bewussten Ernährungs- und Bewegungsumstellung. Bei starkem Übergewicht können nach Absprache mit dem Kinderarzt gezielte Gewichtsverluste zwischen den Wachstumsphasen sinnvoll sein. Es ist in diesen Zeiten wichtig, die Erzieher des Kindes zu informieren und auch befreundete Familien, bei denen es spielt! Die Kinder brauchen in dieser Zeit neben wohltuender Bewegung einen sensiblen Umgang mit ihren Gefühlen.

Psychische und soziale Unterstützung

Wichtig ist, die Stärken des Kindes hervorzuheben, sein liebenswertes Wesen, seine motorischen, kreativen und geistigen Fähigkeiten. Aber bei der Wahrheit bleiben! Alle Kinder brauchen die von Eltern und Erziehern vermittelte Gewissheit: »Es ist gut, so wie du bist!«

Bieten Sie Kindern interessante Bewegungsräume an und viel Zeit zum gemeinsamen Spielen und Beziehungenknüpfen. Gut sind verschiedene Spielanlässe im Freien, damit die Kinder großräumig spielen und zusammenwirken können. Die Freundschaft und Geborgenheit unter Spiel- und Sportpartnern wirkt bei ihnen wie ein Gefühlspuffer, der sie gelegentliches Verspottetwerden leichter ertragen lässt. Bewegung macht sie wieder glücklich! Sie werden durch bewegtes Spielen nicht nur wunderbar von Problemen abgelenkt und in vielen Bedürfnissen befriedigt. Ihr Körper schüttet in bewegungsintensiven Anstrengungen Endor-

phine aus, Glückshormone, die im Gehirn produziert werden und die Kinder zufrieden machen.
Selbstbehauptungskurse und Konflikttraining sind gute Möglichkeiten: Sie bauen nicht nur das Selbstbewusstsein übergewichtiger Schüler auf. Beide Angebote haben sich auch mit betroffenen Fünf- und Sechsjährigen im Kindergarten bewährt.

Die meisten Kinder besprechen und üben gerne in Rollenspielen, wie sie mit ihren Problemen besser umgehen könnten. Dies ist mit den Eltern zu Hause wie im Kindergarten möglich.

Rat und Unterstützung erfahren betroffene Familien bei den städtischen Familienberatungsstellen ihrer Umgebung.

Körperliche Unterstützung

Grundsätzlich gilt: Der Energieverbrauch sollte durch Bewegung gesteigert werden und die Energieaufnahme durch etwas weniger, dafür umso gesündere Nahrung reduziert werden.

Regen Sie Kinder ab zwei Jahren mindestens einmal täglich zu bewegungsintensiven Spielangeboten an! Nutzen Sie mit kleinen Kindern alle Spielplätze der Umgebung intensiv zum Klettern, Bauen und Toben. Planen Sie Wahrnehmungs-, Koordinations- und Wohlfühlspiele in den Wochenablauf ein. Gerade übergewichtige Kinder, die ihren Körper oftmals weniger mögen als andere, weil sie »Dicke« genannt werden, brauchen angenehme sinnliche Körpererlebnisse.

Neben solchen angeleiteten Bewegungsspielen sollten gerade gewichtige Kinder in der freien Spielzeit Spaß an selbst bestimmter Bewegung entwickeln, z.B. am Klettern, Stelzenlaufen auf Bechern oder großräumigen Bauen auf der Wiese. Hilfreich ist es, wenn sie mit Kinderklassikern wie z.B. den bekannten Kreisspielen »Komm mit, lauf weg« und »Faules Ei«, dem Seilspringen und Hüpfkästenspringen zunehmend mehr Bewegungslust entwickeln. Es sind Spiel- und Bewegungsformen, die die Kinder untereinander organisieren können.

Gemischte sportliche Angebote, z.B. Fangspiele, Mini-Ballspiele wie Jägerball, erstes Turnen und Klettern an Geräten, reizen Kinder ab vier Jahren immer wieder. Hier bieten sich Laufgelegenheiten, die die Ausdauer fördern, und Koordinationsaufgaben an, die die ganzkörperliche Gewandtheit unterstützen.

Schwere Kinder mögen kraftvolle Bewegungsaufgaben, da sie ihr Gewicht vorteilhaft einsetzen können. Sie raufen und ringen gerne mit Partnern! Auf weichem Untergrund können sie sich in Zieh- und Schiebespielen sowie in Ringkämpfen austoben, ohne einander wehzutun. Klare Regeln bewirken ein faires Verhalten der Spielpartner. Dennoch müssen die Raufspiele beständig von einem Erwachsenen begleitet werden.

Weiteres Ziel der Bewegungsförderung übergewichtiger Kinder ist eine Verbesserung der Haltung. Oft zeigt sich die noch schwache Muskulatur mit dem eigenen Körpergewicht überfordert. Abwechselnde Bewegungsaufgaben in der Fortbewegung, im Sitzen oder Stehen tun der Wirbelsäule und den Gelenken gut. Sinnvoll sind alle Balancespiele und Koordinationsspiele, bei denen auf eine aufrechte Körperhaltung geachtet wird. Abwechslungsreiche Bewegungsideen für die Arme und Füße stärken die Rücken-, Bauch- und Beinmuskulatur.

Wichtig für das Wohlbefinden schwerer Kinder ist, dass sie mit ihrer Belastungsfähigkeit gut umgehen lernen. Erleben sie die entspannenden Pausen in einer ausgelassenen Bewegungsstunde als angenehm, so nehmen sie sich auch später immer dann Auszeiten, wenn sie gestresst sein sollten.

Hinfallen vermeiden!

Gewichtigen Kindern sollte ein sensibler und umsichtiger Umgang mit dem eigenen Körper vermittelt werden. Sie sollten versuchen, plötzliches

Hinfallen zu vermeiden. Sie müssen erst recht lernen, Bewegungsrisiken beim Toben und Klettern abzuschätzen, weil sie sich meistens nicht reaktionsschnell abfangen und sichern können und da sie sich durch ihr erhöhtes Gewicht beim Hinfallen schneller einen Arm oder ein Bein brechen könnten. Sinnvoll ist es, das bewusste Fallen mit Abrollen aus dem Judo zu lernen (siehe auch S. 44). Schwere Kinder brauchen umso mehr Muskeln, die ihr Skelett und ihre Gelenke nicht nur in der aufrechten Haltung, sondern auch in ausgelassenen Bewegungen und beim Fallen schützen.

Empfehlenswerte Sportangebote

Leicht übergewichtige und schwergewichtige Vorschüler sollten Sportkurse in einer normal gemischten Kindergruppe besuchen. In diesem Alter ist es nicht wünschenswert, dass sie sich andersartig fühlen, weil man sie in »Extrakurse für Übergewichtige« steckt. Es ist in keiner Hinsicht ratsam! Sie sollen durch Sportunterricht auch nicht abnehmen. Jedoch können sie ihr Gewicht durch die vermehrte Bewegung halten, während sie weiter wachsen. Durch vielseitige, ausdauernde Bewegung werden sie Fett verlieren und Muskeln gewinnen. Empfehlenswert ist in diesem Alter, was Spaß macht! Die Vorlieben der Kinder für die Sportart eines Freundes oder Verwandten sind oftmals die größte Motivation, begeistert zum Unterricht zu gehen.

Sinnvolle Sportarten für alle Vorschüler:

- *Kinderturnen an Bewegungsstationen*
- *Schwimmen*
- *Gymnastik mit spielerischen Übungen*
- *Kreatives Tanzen*
- *Ballsport mit verschiedenen Mini-Ballsportarten*
- *Fußball*
- *Judo*

- *Trampolinspringen*
- *Fahrradfahren, Inlinern, Mini-Hockey*
- *Schlitten- und Skifahren*

Wie viel Sport tut gut?

Zwei Sportkurse in der Woche machen in der Vorschulzeit (!) gerade für übergewichtige Kinder Sinn. Unterstützen Sie deren Motivation, langfristig aktiv mitzumachen! Verschiedene Sportarten mehrjährig zu erlernen ist eine gute Gesundheitsvorsorge. Übergewichtige Kinder müssen jedoch fachlich fundiert in der körperlichen Beanspruchung angeleitet werden. Fragen Sie nach der Ausbildung der Sportlehrer! Achten Sie in der Probestunde und dem anschließenden Gespräch mit dem Gruppenleiter auf die Stundeninhalte! In möglichst jeder Bewegungsstunde sollten die Belastungen abwechslungsreich in ihrer körperlichen Beanspruchung gestaltet sein. Gut ist es, wenn Kinder ihre Ausdauer, Kraft, Schnelligkeit und Beweglichkeit herausfordern können. Wetteifernde Spiele, bei denen es um Schnelligkeit oder Gewandtheit geht, fallen übergewichtigen Kindern schwerer. Dennoch sollten sie diese Körpererfahrungen machen! Sie brauchen auch diese Bewegungsanreize für ihre körperliche Gesundheit. Sie können lernen, mit frustrierenden Bewegungserlebnissen immer lockerer umzugehen. Andere Bewegungserfolge in sportlichen Aufgaben, die ihnen wie das Ringen oder Wettziehen liegen, gleichen kurzeitige Tiefstimmungen rasch wieder aus. Hierbei ist ein sensibler Blick des Pädagogen auf das betroffene Kind von immenser Bedeutung.

Motivation und Leistung

Die vielen kleinen Erfolgserlebnisse in den Sportkursen und der Spaß am gemeinsamen Bewegen stärken die Kinder auch psychisch und seelisch. Deshalb: Die Kinder nicht zu schnell aufgeben und die Sportart wechseln lassen! Wenn Kinder trotz gewisser Lustlosigkeit zum Unterricht gehen, erfahren sie vor Ort unerwarteten Spaß, sobald sie mit den anderen in Bewegung spielen. Durch konsequentes Üben werden sie dann besser denn je! Wichtig ist dabei: Die Leistung, die ein Kind sportlich zeigt, sollte immer an dem, was es zuvor konnte, gemessen werden, nicht an den Leistungen anderer Kinder. Die Entwicklung ist entscheidend! Durch Anerkennung und Lob (»intrinistische«, also innere Belohnung) erfahren Kinder Motivationsschübe, wie Belohnungen und Geschenke es nicht vermögen.

Bewegungsintensität und Belastungsdauer

Für schwergewichtige Kinder sind in Gruppenspielen und in Sportstunden die Bewegungsintensität und die Belastungsdauer entscheidend für gutes oder schlechtes Befinden. Diese muss man pro Spiel, Aufgabe oder Übung im Auge behalten. Grundsätzlich gilt für gewichtige Kinder: Lieber länger im langsamen Tempo bewegen, als intensiv und kurz! Eine mittlere Belastung ist für sie immer die beste.

»Wie lange« sollen sich übergewichtige Fünfjährige »auf welche Weise« bewegen? Gut ist es, mit Vier- bis Sechsjährigen je nach Alter und Können etwa 30 Minuten im zügigen Tempo zu spazieren. Fünfjährige können je nach Wunsch und Fertigkeit eine halbe Stunde Fahrrad fahren, tanzen, Ball spielen oder über Bretter, Pflastersteine, Stühle und sonstige Hindernisse klettern. Anstrengende Bewegungen sollten etwas kürzer ausgeführt werden, damit sich schwergewichtige Kinder nicht überlasten: 15 Minuten lang auf Matratzen oder Matten raufen, am Stück schwimmen oder in Laufspielen in Bewegung bleiben. Zwischendurch tun molligen Kindern auch kurzzeitige intensive Belastungen für die Entwicklung der Muskeln, des Herzens und des Kreislaufs gut: 10 Minuten auf einem kleinen Trampolin springen, über ein Seil oder über Bodenmarkierungen laufen, hüpfen und springen sind wohltuende Anstrengungen.

Allen mittleren und stärkeren Belastungen sollte eine Entspannungsphase folgen. Diese brauchen die Kinder kurzfristig, um sich körperlich und nervlich zu beruhigen. Langfristig lernen sie dadurch, sich selbstständig entspannende Beschäftigungen zu suchen, wenn sie sie brauchen. Dies wird in der Schulzeit immer dann wichtig sein, wenn sie mal überanstrengt sind, sich abgehetzt oder müde fühlen. Sie lernen durch den regelmäßigen Wechsel von anstrengenden Bewegungsangeboten und lockeren Bewegungsspielen, dass durch Bewegung beides möglich ist: lustvolles Verausgaben und Entspannen.

Tipps für Eltern übergewichtiger Kinder

Gestalten Sie den Alltag und die Freizeit der übergewichtigen Kinder aktiver! Bieten Sie öfters Bewegungsangebote in Alltagspausen an – im Garten, Park und in Räumen. Halten Sie dabei eine gewisse Regelmäßigkeit ein, bis die Kinder spüren, dass sie sich gerne bewegen, wenn sie lange gesessen haben, gestresst, ärgerlich oder gelangweilt sind.

Bewegungsspiele in der Gruppe können Sie privat mit Freunden organisieren. Oder Sie fragen in Spielgruppen, Sportschulen und Vereinsangeboten nach bewegungsintensiven Stunden. Am Wochenende können die Kinder mit der Familie oder mit Freunden schwimmen, toben, wandern, Laufrad oder Fahrrad fahren. Im Wasser und auf dem Rad wird das Gewicht gelenkschonend mitgetragen. Schwergewichtige Kinder mögen diese Erfahrung! Versuchen Sie regelmäßig einmal die Woche ein Schwimmbad zu besuchen und Bahnen zu schwimmen. Längere Strecken zu schwimmen trägt sehr zur Fettverbrennung bei und verbessert die Ausdauer. Es ist für übergewichtige Kinder auch in der Grundschulzeit die beste Sportart, da sie sich dabei nicht verletzen können, sich im Wasser wendig und geschickt fühlen.

Das Treppensteigen und regelmäßige Laufen zum

Kindergarten und Supermarkt sollte für die Kinder selbstverständlich werden, »gefahren zu werden« eine Ausnahme. Gleichzeitig sollten übergewichtige Kinder weniger Gelegenheit zu inaktiven, bewegungslosen Tagesphasen bekommen. Weniger fernsehen und faulenzen! Bei gleichzeitig interessanten Spiel- und Bewegungsangeboten ändern sie ihre bisherigen Gewohnheiten wirklich!

Extratipp für gemischte Kindergruppen: Bewegungsbaustellen

Für gemischte Kindergruppen, die sich im Alter, im Bewegungskönnen und im Gewicht sehr unterscheiden, empfehlen sich »Bewegungsbaustellen« mit Spielobjekten und Materialien aus dem Haushalt und Garten (siehe Beispiele und Erläuterungen ab S. 62). Die Kinder genießen es, sich die Bewegungsaufgaben an den Stationen selbst aussuchen zu können. Bewegungsbaustellen bieten sich im Jahresverlauf zu abwechselnden Themen oder mit abwechselnden Materialkombinationen an. Sie garantieren allen Kindern gleichzeitig lustvolle Bewegungsvielfalt und fantasievolles Spielen! Ein Kind hat viel Spaß am Klettern und Springen, ein anderes spielt lieber mit dem Ball. Manche Kinder rennen lieber, andere sind begeisterte Tänzer oder mögen immer wieder in Rollenspielen versinken. Auf einer Bewegungsbaustelle können Sie dafür alles zurechtlegen.

Zurückhaltende Kinder können zu Spielstationen ihrer Wahl gehen und dort auch gut andere Kinder beobachten, bevor sie selbst agieren. Sie erfahren keinen Druck und können nach eigenen Vorlieben bauen, gestalten und sich bewegen. So ist es für Er-

zieherInnen und Sportpädagogen mit Hilfe von Bewegungsbaustellen recht leicht, das oftmals so hochgesteckte Ziel zu erreichen, allen Kindern ihren körperlichen und sozialen Bedürfnissen gerechte Bewegung anzubieten. Hier setzen sich Kinder gerne selbst Herausforderungen, die ihrem Können und Mut entsprechen. Sie lernen ihre motorischen Fähigkeiten realistisch einzuschätzen.

Ernährungsberatung

Die langsame und schonende Gewichtsreduktion übergewichtiger Kinder bzw. das Konstanthalten des Gewichts bedarf einer speziell an die kindlichen Bedürfnisse angepassten Ernährung. Diese sollte auch den Wünschen und Gelüsten der Kinder entgegenkommen. Welche Nahrungsmittel gesund sind und welche nur lecker, das lernen die Kinder am besten beim Zubereiten schmackhafter Speisen wie Obstsalate, bunte Salate, gesundes Frühstück, Suppe, Kuchen oder zuckerarme Nachspeisen.

Jede Familie, die sich mit Übergewicht auseinander setzt, sollte einmal eine Ernährungsberatung nutzen, die auch individuelle Tipps und Lösungsvorschläge für Ernährungsprobleme gibt.

Suchen Sie vielleicht für die Spielgruppe oder den Kindergarten nach einer umfangreichen Ernährungsberatung, die interessierte Eltern und Erzieher an Elternabenden oder im Wochenendworkshop berät? Es ist dann sinnvoll, dass die Kinder parallel zu eigenen Gesprächen der Ernährungsberaterin oder mit den Erziehern mit kochen, ba-

Ernährungsunabhängige Risikofaktoren für Übergewicht

Wissenschaftliche Untersuchungen haben in den vergangenen Jahren weitere ernährungsunabhängige Risikofaktoren bestimmt:

- Kinder, die nachts viel schlafen, sind nicht so dick wie Kinder, die wenig schlafen.
- Kinder, die mehr als zwei Stunden pro Tag fernsehen, Gameboy spielen oder am Computer sitzen, sind im Durchschnitt häufiger dick als andere.
- Rauchen in der Frühschwangerschaft erhöht das Risiko deutlich, dass Kinder später adipös werden. Längeres Stillen reduziert dieses Risiko.

Eine Auswahl aktueller Projekte zur Unterstützung bei Übergewicht:

- Moby Dick Club e.V. in Hamburg (www.mobydicknetzwerk.de)
- Agenda 21 Projekt in Karlsruhe (www3.karlsruhe.de)
- »Robbi-Club« der Universitätsklinik für Kinder und Jugendliche in Erlangen (www.klinikum.uni-erlangen.de)
- »Besser essen. Mehr bewegen. KINDERLEICHT« des Bundesministeriums für Verbraucherschutz, Ernährung und Landwirtschaft (www.kinder-leicht.net)
- »Schwer mobil« der Sportjugend NRW (www.schwermobil.de)
- Programm Adimet und ein Präventionsprogramm für Kindergärten des Bayerischen Gesundheitsministeriums (www.bayernaktiv.de)
- »PowerKids« des Hessischen Sozialministeriums und der AOK (www.powerkids.de)
- IKK Kinderleicht oder Therapieprogramme anderer Krankenkassen (www.ikk-niedersachsen.de)

cken, Obst und Gemüse schneiden. Ansprechpartner finden Sie bei Fortbildungsorganisationen für ErzieherInnen und Eltern, Schulämtern, Vereinen für Übergewichtige, Krankenkassen und Ernährungsberatungsstellen – am einfachsten über Suchmaschinen im Internet oder im örtlichen Telefonbuch.

Sinnlose Hungerdiäten

Diäten mit einer minimalen täglichen Kalorienzufuhr werden heute nicht mehr wie früher als sinnvoll erachtet, weil sie fast immer einen negativen Jo-Jo-Effekt mit sich bringen. Die Kinder nehmen nach den als unschön erlebten Diätphasen wieder erneut zu und überschreiten dann häufig sogar ihr Ausgangsgewicht vor der Diät. Sie haben durch eine Diät ohne Bewegungsprogramm nicht die nötige Lust an aktiver Freizeitgestaltung vermittelt bekommen. Sie leiden bei einer Diät nur an Hungergefühlen und entwickeln nicht selten eine stärkere Esssucht. Was ist die Alternative? Eine gesunde Ernährung in kleineren Essportionen zu regelmäßig wiederkehrenden Esszeiten! Sie bezweckt auf sinnvolle Weise eine minimale, allmähliche Gewichtsreduzierung bei starkem Übergewicht – oder auch nur eine Gewichtserhaltung während der folgenden Wachstumsphase.

Literaturtipps

Der Bayerische Bildungs- und Erziehungsplan für Kinder in Tageseinrichtungen bis zur Einschulung. Beltz 2006

Belorf, A.: *Bewegtes Lernen. 741 Spiel- und Übungsformen.* Hofmann 2000

Dunemann-Gulde, A.: *Yoga und Bewegungsspiele für Kinder.* Kösel 2005

Friedl, J.: *Pi-Pa-Purzelbaum. Spielerische Bewegungsförderung für Kinder.* Kösel 2002

Jackel, B.: *Ausgeglichen und entspannt. Stress bei Kindern erkennen und abbauen.* Kösel 2004

Köckenberger, H.: *Bewegtes Lernen.* Borgmann 2002

Koneberg L./Gramer-Rottler S.: *Das bewegte Gehirn. Körperübungen für clevere Kinder.* Kösel 2004

Kosel, A.: *Schulung der Bewegungskoordination.* Hofmann 2001

Lendner-Fischer, S.: *Bewegte Stille. Stressabbau und Entspannung mit Kindern.* Kösel 2004

Miedzinski, K.: *Die neue Bewegungsbaustelle.* Borgmann 2006

Schäfer, G. E. (Hrsg): *Bildung beginnt mit der Geburt. Ein offener Bildungsplan für Kindertageseinrichtungen in Nordrhein-Westfalen.* Beltz 2005

Schröder, E.-M.: *Kinder, lasst die Pfunde purzeln.* Hirzel 1999

Seyffert, S.: *Kleine Mädchen, starke Mädchen. Spiele und Phantasiereisen, die mutig und selbstbewusst machen.* Kösel 2003

Sinnhuber, H.: *Sensomotorische Förderdiagnostik.* Borgmann 2002

Stöcklin-Meier, S.: *Intelligent durch geschickte Finger. Die schönsten Faltformen aus Papier mit Spielen, Versen und Liedern.* Kösel 2007

Thielke, W./Sager-Krauss, B.: *Ein dickes Problem. Wie unsere Kinder schlank und gesund bleiben.* Herder 2005

Weber, S.: *Die Bildungsbereiche im Kindergarten.* Herder 2005

Zimmer, R.: *Kreative Bewegungsspiele.* Herder 1999

Zimmer, R./Hunger, I.: *Wahrnehmen, Bewegen, Lernen. Kindheit in Bewegung.* Hofmann 2004

Zimmer, R./Vahle, F.: *Kinder, Körper, Sprache. Psychomotorisch fördern.* Herder 2005

Weitere Bücher von Sibylle Wanders

Bewegung macht klug. Bewegungsspiele für die Entwicklungsförderung Ihres Kindes. OZ Verlag 2003

Elefantentantentanz. Kreative Tanzspiele mit Musik. Patmos 1996

Spaß am Bewegen Bewegungsspiele zur Förderung von Koordination, Konzentration und Sprache. Ravensburger 2005